Jopp

Risikofaktor Vitaminmangel

Inhalt

Einleitung

Die Supermärkte quellen über mit frischem Obst und Gemüse. Und trotzdem nehmen zwischen 40 und 80 % der Bevölkerung noch nicht einmal das Minimum der für die Gesundheit notwendigen Mengen an Vitaminen, Mineralien und Spurenelementen zu sich. Dies zeigten Erhebungen von Ernährungswissenschaftlern, an denen über 80.000 Menschen in drei Ländern teilgenommen haben. Mit einigen dieser sogenannten Mikronährstoffe wie Vitamin D, Vitamin B_9 (Folsäure), Zink und Selen sind sogar weit über 90 % der Bevölkerung unterversorgt.

Trotzdem sind die meisten Menschen der felsenfesten Überzeugung, zumindest ihren Minimalbedarf an Mikronährstoffen mit der Ernährung zu decken. Diese Fehlannahme führt zu gravierenden gesundheitlichen Folgen. 70 % der Erkrankungen werden heute als ernährungsbedingt eingestuft.

Dabei entspricht die Deckung des niedrigen Minimalbedarfs keineswegs einer optimalen Zufuhr, wie sie zum Zellschutz und für ein gut funktionierendes Immunsystem notwendig wäre. Genaue Nährstoffanalysen zeigen, daß sich eine optimale Zufuhr mit Mikronährstoffen, wie sie in der Evolution vorgesehen war, mit den heutigen lange gelagerten und hochverarbeiteten Lebensmitteln überhaupt nicht mehr erreichen läßt.

Langzeitbeobachtungen ergaben, daß sich die Zahl der Herz-Kreislauf-Erkrankungen und von Krebs um gut die Hälfte senken läßt, wenn zusätzlich Antioxidanzien (Vitamin A, Vitamin C, Vitamin E und Selen) eingenommen werden. Sie können diese Langzeit-Versicherungspolice für die eigene Gesundheit nutzen!

Aber auch kurzfristig hat eine optimale Versorgung mit Mikronährstoffen Einfluß auf den Stoffwechsel und das Immunsystem. Wie Sie sich fühlen (Nervenstoffwechsel), wie leistungsfähig Sie sind (Energiestoffwechsel) und wie gut Sie Infekte abwehren können (Immunfunktion), hängt von der optimalen Versorgung mit Mikronährstoffen ab, die an allen Stoffwechsel- und Immunfunktionen beteiligt sind. Bei einem Mangel arbeiten diese Systeme mit geringerer Leistung. Außer Hochleistungssportlern nutzen aber die wenigsten das Potential dieser Biokatalysatoren aus. Dabei sind die

Leistungsfähigkeit und die Gesundheit Ihr Kapital und Ihr Konkurrenzvorteil im täglichen Leben. Sie fühlen sich nur so gut, wie Ihr Stoffwechsel funktioniert.

Sie selbst können mit Mikronährstoffen dafür sorgen, daß Ihr Stoffwechsel und Ihr Immunsystem optimal funktionieren.

Sie haben es in der Hand, mit Mikronährstoffen Ihren Stoffwechsel und Ihr Immunsystem zu optimieren. Dazu benötigen Sie aber Wissen und Fakten. In den letzten Jahren explodierte dieses Wissens durch die Immun-, Gen- und Stoffwechselforschung und durch verfeinerte Analysemethoden, die bis in die entferntesten Bereiche des Stoffwechsels vordringen können. Innerhalb weniger Jahre wurden wir aus der Steinzeit der Stoffwechsel- und Immunforschung in ein neues Zeitalter katapultiert. Waren während des medizinischen Studiums vor zehn Jahren Mikronährstoffe einfach nur langweilig, gehören sie heute zu den spannendsten Forschungsgebieten. Viele Institutionen und Arztpraxen leben jedoch noch in der Steinzeit der Stoffwechselforschung. Wissenschaftliche Erkenntnisse brauchen in der Regel mehr als zehn Jahre, bis sie in der ärztlichen Praxis umgesetzt werden.

In diesem Buch finden Sie die neuesten Forschungsergebnisse über Mikronährstoffe.

In diesem Buch werden daher die Studien zusammengefaßt, die für Ihre Gesundheit jetzt wichtig sind. Damit sind Sie nicht länger auf veraltete und kolportierte Meinungen angewiesen. Viele Tabellen geben Ihnen einen schnellen Überblick über das derzeitige Wissen. Dabei wurde bewußt eine bildhafte Sprache eingesetzt. Sie sollte aber nicht darüber hinwegtäuschen, daß diesem Buch Dutzende der aktuellsten Forschungsberichte zugrunde liegen, die in der Deutschen Zentralbibliothek für Medizin in Köln, der größten Medizinbibliothek Europas, direkt verfügbar sind. Die wissenschaftlichen Quellen sind immer angegeben, damit das Wissen nachvollziehbar bleibt.

Bilden Sie sich ein eigenes Urteil und entwickeln Sie Ihre eigenen Strategien, um Ihre Gesundheit und Leistungsfähigkeit mit den Biokatalysatoren zu unterstützen. Denn Wissen alleine bringt Sie nicht weiter. Das Buch zeigt deshalb auch, wie Sie dieses Wissen für sich strategisch umsetzen können.

Wenn Sie es in Zahlen wissen möchten, hier einige Beispiele:

- Antioxidative Vitamine senkten in 129 Studien das Krebsrisiko für 13 verschiedene Formen von Krebs um 50 %.
- Das Risiko für einen zweiten Herzinfarkt läßt sich um 70 % mit Vitamin E senken.

- Vitamin E könnte jährlich neun Milliarden Mark für vermeidbare Herz-Kreislauf-Erkrankungen einsparen.
- Folsäure könnte jährlich 15.000 Herzinfarkte in Deutschland verhindern.
- Das Auftreten des grauen Stars (Altersstar) kann um 80 % gesenkt werden.
- Die Infektanfälligkeit im Winter läßt sich um 50 % reduzieren.

Die amerikanische Regierung läßt bereits zur Kosteneinsparung im Gesundheitswesen Grundnahrungsmittel mit Folsäure, Milch mit Vitamin D, Salz mit Jod und Bodendünger mit Selen anreichern.

Ersparen Sie sich in Zukunft einfach unnötige Krankheiten.

Die Lebewesen konnten sich im Verlauf der Evolution nicht auf ein medizinisches System und Medikamente verlassen. Daher hat der Organismus ein System „ausgetüftelt", krankhafte Veränderungen, entartete Zellen und Veränderungen an den Genen durch eigene Reparaturprozesse und durch ein schlagkräftiges Immunsystem zu regulieren. Alle diese Prozesse sind von einer optimalen Versorgung mit Mikronährstoffen abhängig, denn die Evolution hat in Millionen von Jahren unser Immunsystem und den Stoffwechsel auf der Basis von 47 lebenswichtigen Nährstoffen entwickelt. Darunter sind 11 Vitamine, 6 Mineralien, wenigstens 10 Spurenelemente und 20 Aminosäuren.

Kein Medikament kann sich mit den Milliarden von Überlebens- und Stoffwechseltestreihen (Selektion) vergleichen, die im Laufe der Evolution mit diesen 47 Mikronährstoffen „im wirklichen Leben" gemacht wurden.

Die Nährstoffe funktionieren wie ein Alphabet – fehlt ein Buchstabe (Nährstoff), dann werden viele Stoffwechselworte nur noch bruchstückhaft zusammengesetzt.

Mikronährstoffe dringen bis in den Zellkern vor, wo sie direkten Einfluß auf das Ablesen von Gensequenzen haben, und sie aktivieren und modulieren das Immunsystem. Ein Mangel an diesen Biokatalysatoren wirkt sich daher direkt auf den Stoffwechsel und das Immunsystem aus. Die Lebewesen mit den am besten funktionierenden, körpereigenen Reparaturprozessen und dem schlagkräftigsten Immunsystem haben den Überlebensvorteil. Dieses Grundgesetz der Natur hat sich auch für den Menschen, trotz High-Tech-Medizin, nicht geändert.

Die drei Stunden, die notwendig sind, um dieses Buch zu lesen, können sich in zusätzlicher Lebenszeit und Lebensqualität für Sie auszahlen. Dazu brauchen Sie aber „Fakten, Fakten, Fakten“, wie der Chefredakteur von Focus immer wieder betont.

Gesundheit fängt im molekularen Bereich Ihrer 70 Billionen Körperzellen an. Es liegt in Ihrer Hand, mit der besten Mikronährstoffversorgung jede einzelne davon optimal funktionieren zu lassen.

A. Jopp

Die Funktion von Vitaminen und Mineralien

Der Mensch als biochemische Fabrik

Vitamine – Biokatalysatoren für einen aktiven Stoffwechsel

Wie funktionieren Vitamine überhaupt?

Stellen Sie sich Ihren eigenen Körper doch einmal als eine gigantische biochemische Fabrik vor: In jeder Sekunde laufen in Ihren 70 Billionen Körperzellen mehrere Milliarden biochemische Reaktionen ab. Vitamine, Mineralien und Spurenelemente beschleunigen die Stoffwechselabläufe, ja sie machen sie überhaupt erst möglich. Um zum Beispiel ein Hormon herzustellen oder die Nahrung aufzuspalten, laufen die Stoffwechselprozesse wie am Fließband ab. Sie sind aufgeteilt in Hunderte von Einzelschritten, die mit der Hilfe von Mikronährstoffen planmäßig nacheinander stattfinden.

Ihre Körperzellen sind ständig biochemisch aktiv und legen keine Pause ein. Sie brauchen daher im Gegensatz zu Pflanzen, die alle Mikronährstoffe selber produzieren, ständig den Nachschub der kompletten Palette der Mikronährstoffe. Zum Beispiel können die wasserlöslichen B-Vitamine nicht gespeichert werden.

Warum verlangsamt sich Ihr Stoffwechsel bei Vitaminmangel?

Fehlt vorne in der Produktionskette ein Vitamin, kann weiter hinten in der Herstellung auch nichts weiterlaufen oder es müssen Umwege gemacht werden. Der Stoffwechsel verlangsamt sich, und Ihre Leistungsfähigkeit fällt ab. Die Vitamine arbeiten zusammen. Ihr Stoffwechsel ist daher nur so stark wie das schwächste Glied in der Produktionskette.

Die meisten Menschen wissen zwar, daß man kein Heizöl in ein Auto tankt, aber bei dem Nachtanken von Biostoffen für den eigenen Körper haben sie vollkommen nebulöse Vorstellungen. Das Faszinierende ist: Sie können Ihren Stoffwechsel beeinflussen! Bei Sportlern wird dieses „Mikronährstoff-Tuning“ längst praktiziert, damit Höchstleistungen erbracht werden. Dazu werden die Blutwerte

Wie können Sie mit dem Wissen über Biokatalysatoren den Stoffwechsel und das Immunsystem beeinflussen?

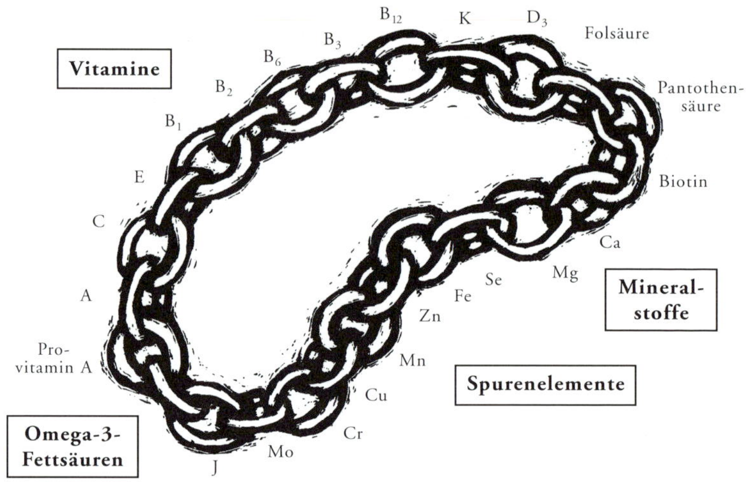

Abb. 1: Der Stoffwechsel ist nur so stark wie das schwächste Glied der Kette. Mikronährstoffe arbeiten zusammen.

der Mikronährstoffe in das obere Drittel der Normwerte gebracht.

Aber auch Sie bringen täglich, in der Familie und am Arbeitsplatz, Höchstleistungen, und Sie können diese Leistungsfähigkeit beeinflussen. Dafür müssen Sie aber zuerst einiges über diese Biostoffe lernen. Ich garantiere Ihnen: Die Lesezeit wird sich hundertfach auszahlen.

Einige Beispiele können Ihnen den Stellenwert einer optimalen Mikronährstoffversorgung noch einmal verdeutlichen:

- Vitamin C ist an 15.000 verschiedenen Stoffwechselprozessen beteiligt. Von der Produktion der Hormone angefangen bis zur Fettverbrennung läuft nichts ohne Vitamin C.
- Die acht Vitamine des B-Komplexes sind an allen Reaktionen des Energiestoffwechsels beteiligt und steuern den Nervenstoffwechsel einschließlich des Gehirns. Ohne die B-Vitamine brechen unsere aktiven Nervenbahnen schnell zusammen.
- Auch die Aktivität und Schlagkraft des Immunsystems gegen Infekte und Tumoren ist abhängig von der optimalen Zufuhr von Mikronährstoffen.

Bei einem Mangel an den 47 essentiellen Mikronährstoffen verlangsamen sich der Stoffwechsel und das Immunsystem der biochemischen Fabrik Mensch. Versäumen Sie also nicht das regelmäßige Nachtanken dieser Biokatalysatoren! Wenn Sie das Wissen über die Funktion dieser Biokatalysatoren umsetzen, können Sie viele Körperfunktionen wieder aktivieren, Ihre Leistungsfähigkeit steigern und das Immunsystem bei der Vorbeugung vor Krankheiten unterstützen.

Mineralien und Spurenelemente – Hauptbestandteile aller stoffwechselaktiven Enzyme

Wofür werden Mineralien und Spurenelemente gebraucht?

Chrom, Mangan, Molybdän und Zink verbinden die meisten Leser eher mit Stoßstangen oder den Rohstoffvorkommen in der Dritten Welt als mit dem eigenen Körper. Als das erste Leben entstand, waren dies die verfügbaren Grundbausteine.

Sämtliche Spurenelemente Ihres Körpers passen auf einen Teelöffel, und doch wäre menschliches Leben ohne diese anorganischen Elemente nicht möglich. Mineralien und Spurenelemente haben verschiedenste Funktionen:

- Sie dienen als Baustoffe für die Knochen, wie zum Beispiel Calcium.
- Sie sind an Hunderten von Stoffwechselreaktionen beteiligt. So ist Zink an der Bildung von über 200 Enzymen, Magnesium sogar an über 400 Enzymen beteiligt. Diese Enzyme „managen" unseren Stoffwechsel und das Immunsystem.
- Sie binden Schwermetalle, damit diese über die Nieren ausgeschieden werden können.
- Sie erzeugen elektrische Ströme zum Übertragen von Nervenimpulsen.
- Sie sind Bestandteil von Hormonen.
- Sie greifen in das Ablesen und Vervielfältigen von Genen ein.
- Sie haben lebenswichtige Funktionen im Immunsystem.
- Sie sorgen dafür, daß Nährstoffe in die Zellen und Abbauprodukte wieder aus den Zellen herausgepumpt werden können.
- Sie regeln den Säure-Basen-Haushalt des Körpers.

Bei einem Mangel funktioniert der Stoffwechsel nur noch auf Sparflamme. Wir können unserem Millionen Jahre alten genetischen Programm nicht entrinnen.

In Deutschland herrscht besonders ein Mangel an Zink, Chrom, Jod und Selen, weil die Böden ausgelaugt sind und der Rest dieser wertvollen Spurenelemente bei der Lebensmittelverarbeitung aus den Randschichten des Korns herausgeschält wird.

Ein Mangel an Mineralien und Spurenelementen führt kurzfristig zu einem erheblichen Leistungsabfall und ist langfristig für eine Vielzahl von chronischen Erkrankungen verantwortlich.

Vitamine als Antioxidanzien – Schutz für die Zellen

Wie schützen Vitamine Ihre Zellen?

Jede einzelne Körperzelle wird täglich von 10.000 Freie-Radikale-Bomben angegriffen! Ihre Körperzellen würden in kürzester Zeit zerplatzen, wenn Radikalenfänger (Antioxidanzien) wie die Vitamine A, C und E diese Bomben nicht abfangen würden. Trillionen von Radikale-Bomben werden so in Sekundenschnelle abgefangen. Vergessen Sie das Pentagon und Star Wars – Sie haben bereits das genialste Abfangsystem, das je entwickelt wurde. Allerdings muß es ständig aufgetankt werden.

In Abb. 2 (S. 19) können Sie sehen, wie Antioxidanzien Freie Radikale abfangen, damit diese gar nicht erst in die Zelle eindringen können.

Bei einem Mangel an diesen antioxidativen Vitaminen entstehen Schäden an den Zellen, die langfristig Krebs, Herz-Kreislauf- und andere Erkrankungen entstehen lassen.

Was sind Freie Radikale und wo entstehen sie?

Freie Radikale sind aggressive Moleküle, die ständig im Stoffwechsel entstehen: dort, wo Energie produziert wird, wo Sauerstoff transportiert wird oder wo Licht (UV-Strahlung) auftrifft. Das Immunsystem setzt Freie-Radikale-Bomben sogar aktiv ein, um Viren und Bakterien zu zerstören. Auch die zunehmende Schadstoffbelastung oder Rauchen produziert Freie Radikale.

Freie Radikale funktionieren chemisch wie unverheiratete Playboys. Sie wollen unbedingt andere Elektronen aus Elektronen-Zweierbeziehungen herausreißen, um ihre negative Ladung zu binden. Freie Radikale oxidieren, das heißt, sie nehmen anderen Molekülen ein Elektron weg und schädigen dadurch die Zellen. So können innerhalb von Sekunden mehrere hunderttausend Elektronen den Partner wechseln. Es wird eine richtige „Radikalorgie" entfacht.

Warum hängen Krebs, Herz-Kreislauf-Erkrankungen und der Alterungsprozeß mit einer optimalen Antioxidanzienversorgung zusammen?

Alle Organismen versuchen daher, die freien Radikale durch Antioxidanzien abzufangen. Pflanzen, die Energie aus UV-Licht gewinnen, panzern ihre Zellen mit über 500 verschiedenen Antioxidanzien. Die Tierwelt ist abhängig von diesen Pflanzenstoffen, denn die Vitamine A, C und E, Beta-Carotin und circa 400 andere Pflanzenstoffe schützen den Stoffwechsel der Tiere vor freien Radikalen.

Die wichtigsten Antioxidanzien aus der Nahrung

Vitamine: A, C, E
Vitaminoide: Koenzym Q 10, Alpha Liponsäure
Spurenelemente: Selen, Zink
sekundäre Pflanzenstoffe: Carotine (Möhren), Katechine (in grünem Tee), Lycopen (in Tomaten), Polyphenole (Rotwein), Flavonoide (Zitrusfrüchte), Indole (alle Kohlarten), Lutein (grünes Blattgemüse)

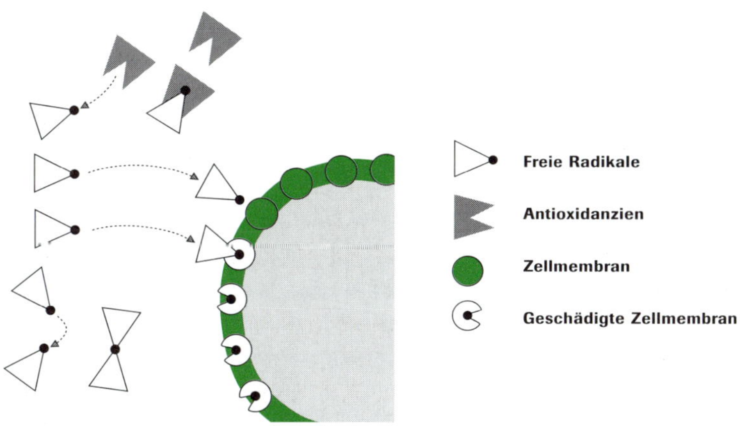

Abb. 2: Star Wars: Antioxidanzien fangen Freie Radikale ab, damit diese gar nicht erst in die Zelle eindringen können.

Verschiedene Antioxidanzien neutralisieren jeweils unterschiedliche Freie Radikale. Vitamin E ist fettlöslich und lagert sich in den fetthaltigen Zellmembranen ein, um diese zu schützen. Vitamin C ist dagegen wasserlöslich und bietet sowohl Schutz in der Zelle als auch außerhalb im wäßrigen Blutmilieu.

Die ausreichende Zufuhr der verschiedensten Antioxidanzien ist lebenswichtig

Eine Ernährung mit viel Gemüse und Obst ist die Grundlage für eine ausreichende Versorgung mit den vielen pflanzlichen Antioxidanzien. Da Vitaminmangel kein Einzelfall ist (s. Kap. 8, S. 46) und die heutigen Nahrungsmittel einen großen Teil der licht- und hitzeempfindlichen Vitamine eingebüßt haben (s. Kap. 9, S. 55), wird es immer wichtiger, zusätzlich Antioxidanzien als Nahrungsergänzung in Form von Vitamin- und/oder Mineraltabletten einzunehmen. Erst dadurch wird ein optimaler Schutz vor freien Radikalen erreicht.

Schäden durch Freie Radikale – Bombardierung der Schaltzentralen der Zellen

Welche Schäden verursachen Freie Radikale?

Erst wenn Sie die Schäden durch Freie Radikale an Ihren Zellen kennen, werden Sie verstehen, warum Antioxidanzien so wichtig sind. Die folgenden Symbole dienen als Vorstellungshilfe. In Abb. 3 (S. 22) sind die Symbole wiederzufinden.

- Freie Radikale zerstören die Zellmembranen, die nicht einfach nur eine Hülle um die Zellen sind. Stellen Sie sich die Zellmembran wie einen geschäftigen Hafen vor. Ständig docken Schiffe an die Landungsanlagen (Rezeptoren) an, die Rohstoffe (Aminosäuren und Energie) bringen.
- Dann werden Entladekräne und Pumpen eingesetzt, die die wichtigen Stoffe von außen ins Zellinnere bringen.
- Die Zellmembran hat auch separate Landeplätze für Informationen und Befehle (Hormone) sowie für Helfer (Mikronährstoffe).
- Freie Radikale bombardieren diese Hafenanlagen und reißen Teile der Ladeplätze und Transportsysteme weg. Dadurch verlieren die Zellmembranen die Fähigkeit, aktiv Stoffe von außen ins Zellinnere zu transportieren und umgekehrt Schadstoffe (Abfall) aus der Zelle wieder herauszubefördern. Stel-

len Sie sich einmal bildhaft vor, wie wohl der Zustand Ihrer Körperzellen ist, wenn sie unter einem jahrelangen Dauerbombardement stehen.

Haben Freie Radikale erst einmal die Zellmembran löchrig geschossen, können sie ungehindert ins Zellinnere dringen.

Freie Radikale besitzen die Fähigkeit, Eiweiße wie eine Schere zu zerschneiden. Sie können Zellteile und die Erbmasse (DNA) durchtrennen.

Die Erbmasse ist Ihre persönlich gespeicherte Software in der Hauptschaltzentrale des Zellkerns und enthält alle wichtigen gespeicherten Befehle. Freie Radikale schießen nun Löcher genau in dieses Softwareprogramm. Wenn Ihre Software – auch nur in Teilen – „abstürzt", können verschiedene Stoffwechselprogramme nicht mehr abgelesen werden oder der Stoffwechsel wird fehlreguliert.

Freie Radikale zerstören auch die winzigen wassergefüllten Kanälchen, mit denen die Zellen untereinander in Verbindung stehen. Wenn diese Kommunikation gestört ist, kommt es zu bösartigen Zellwucherungen. Krebs wird heute zu den Freien-Radikalerkrankungen gerechnet.

Die Blutfette sind ein bevorzugtes Angriffsziel der Freien Radikale. Sie werden durch den Angriff der Freien Radikale ranzig und kleben an den Arterien fest. Es entsteht eine Arterienverkalkung (Arteriosklerose). Herz-Kreislauf-Erkrankungen sind zum großen Teil Freie-Radikalerkrankungen.

Der Alterungsprozeß ist eine Anhäufung von Veränderungen im Sofwareprogramm Erbmasse, einem fehlgeleiteten Stoffwechsel und einem schlecht funktionierenden Immunsystem. Er wird auf die Zerstörung durch die Freien Radikale zurückgeführt.

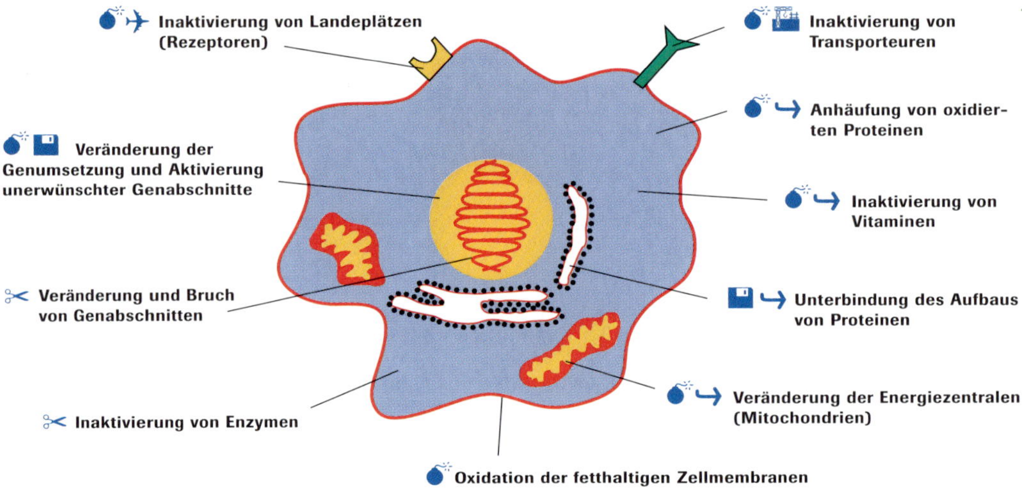

Abb. 3: Folgen der Bombardierung an und in der Zelle. 10.000 Freie Radikale greifen die Zelle pro Tag an.

Bluttest – Die Schäden an den Zellen lassen sich messen

Wie kann man Radikal-Schäden messen und warum ist die Messung wichtig?

Sie können genau messen, ob Schäden an den Zellen durch einen Mangel an Antioxidanzien entstanden sind. Werden „durchlöcherte“ Zellmembranen oder Bruchstücke Ihrer DNA-Software (Erbmasse) im Blut gefunden, ist das ein sicheres Zeichen, daß Sie dieses geniale Abfangsystem durch zusätzliche Antioxidanzien häufiger „betanken“ sollten. Keine Schäden bedeuten, daß Sie ausreichend Antioxidanzien zugeführt haben. Es gibt zwei Testverfahren.

MDA-Test

Die MDA-Werte zeigen, wie viele Zellmembranen von freien Radikalen durchschossen wurden. Hohe MDA-Werte bedeuten, daß zuwenig Antioxidanzien im Blut vorhanden sind.

Dieser Test wird in vielen größeren Labors durchgeführt und kostet circa 40 Euro.

Deoxyguanosin-Test

Dieser Bluttest mißt Abbauprodukte der DNA-Software, der Erbmasse im Zellkern. Bei zu niedrigen Antioxidanzienwerten im Blut durchtrennen Freie Radikale die Erbmasse und hinterlassen die typischen Zerfallsprodukte.

Dieser Test ist brandneu und wird in Deutschland im Umweltmedizinischen Labor München durchgeführt. Die Anschrift finden Sie im Anhang.

Bei einem Mangel an Antioxidanzien kommt es zu meßbaren Schäden durch Freie Radikale an den Zellen und am Erbgut. Diese Schäden sind verantwortlich für die Freien-Radikalerkrankungen und den Alterungsprozeß.

Spurenelemente – Bestandteile körpereigener antioxidativer Enzyme

Welche körpereigenen Schutzsysteme gibt es gegen Freie Radikale?

Wenn jede Zelle 10.000mal pro Tag von freien Radikalen angegriffen wird, macht das bei 70 Billionen Körperzellen sieben Trillionen Freie Radikale, die abgefangen werden müssen. Die antioxidativen Vitamine alleine könnten diesen Radikalenstreß unmöglich bewältigen. Deswegen produziert der Körper im „Star-Wars-Rüstungsprogramm" eigene potente antioxidative Enzyme, die noch effektiver als Vitamine im Körper aufräumen. Diese Enzyme haben ein freies Elektron, das sie an Freie Radikale abgeben, um diese zu binden.

Warum brauchen Sie dafür unbedingt ausreichend Spurenelemente?

Für die Aufrüstung mit körpereigenen Enzymen werden aber bestimmte Spurenelemente als Rohstoffe gebraucht. Ohne Selen, Zink, Mangan, Kupfer und Eisen, die alle Bestandteile des Enzymkomplexes sind, kommt es zu Produktionsengpässen. In Deutschland fehlen vor allem Selen und Zink in den Böden. Die anderen Spurenelemente gehen bis zu 80% durch die Verarbeitung des Getreides verloren. Das hat katastrophale Konsequenzen für den Stoffwechsel.

Bei einem Mangel an Spurenelementen können nicht genügend körpereigene antioxidative Enzyme produziert werden. Dadurch werden Freie Radikale nicht neutralisiert, und es kommt zu Zellschäden.

Optimale Versorgung mit Mikronährstoffen

Die wirkliche Langzeitversicherungspolice für Ihre Gesundheit

Was sind Freie-Radikalerkrankungen?

Durch Vitamine können unnötige Erkrankungen vermieden und dadurch Milliarden im Gesundheitswesen eingespart werden. Die Ergebnisse großer Studien zeigen, daß Herz-Kreislauf-Erkrankungen, Krebs, Diabetes (Zuckerkrankheit) und Katarakt (grauer Star) häufig mit zu niedrigen Werten an Antioxidanzien wie Vitamin C, Vitamin E und Beta-Carotin im Blut in Beziehung stehen. Diese Erkrankungen werden als Freie-Radikalerkrankungen bezeichnet. Wenn ausreichende Mengen an Antioxidanzien im Blut vorhanden sind, treten diese Erkrankungen um gut 40 % seltener auf.

Die Gesetzgebung der USA zur Erhaltung der Gesundheit

Warum erkennt man an Gesetzesvorhaben die Bedeutung wichtiger medizinischer Studien für die eigene Gesundheit?

Die Bedeutung von medizinischen Studien erkennen Sie häufig daran, daß Regierungen Gesetze verabschieden. In den USA wurden bereits mehrere Gesetze zu Mikronährstoffen umgesetzt:

- Jodierung des Salzes zur Vermeidung unnötiger Schilddrüsen-Operationen.
- Anreicherung der Milch mit Vitamin D zur Verhinderung der Osteoporose (Knochenschwund).
- Selenzusatz im Bodendünger zur Verringerung von Freien-Radikalerkrankungen.
- Zusatz von Folsäure in Grundnahrungsmitteln zu Verhinderung von Arterienverkalkung und Fehlbildungen bei Kindern.

Langfristig werden sich diese staatlichen Maßnahmen in vielfacher Hinsicht auszahlen.

Nachdem Studien über die Vitamine C und E so eindeutige Ergebnisse erbrachten, wurden im Auftrag der US-amerikanischen Regierung bereits Berechnungen (Practon Studie) gemacht, wie viele Milliarden Dollar im Gesundheitswesen durch die Gabe von Vitaminen eingespart werden könnten. Alleine bei drei gut erforschten Erkrankungen – der koronaren Herzerkrankung, dem Magenkrebs und dem Altersstar – könnten durch die Gabe von Vitamin C und Vitamin E pro Jahr enorme Einsparungen erzielt werden:

- 8 Milliarden Dollar für 525.000 Krankenhausaufenthalte bei der koronaren Herzerkrankung.
- 161 Millionen Dollar für 7.000 Krankenhausaufenthalte nur für Magenkrebs.
- 49 Millionen Dollar für 13.000 vermeidbare Staroperationen.

Was haben Einsparungen im Gesundheitssystem mit Ihnen zu tun?

Diese Zahlen berücksichtigen nur eine von 20 Krebserkrankungen und nur die Krankenhauskosten. Kosten für Medikamente, Nachuntersuchungen, Arbeitsausfall, Krankengeld oder Frühverrentung blieben dabei unberücksichtigt.

Hinter diesen Zahlen stehen Menschen, die in vielen Fällen an vermeidbaren Erkrankungen leiden und häufig Lebensqualität durch diese Erkrankungen einbüßen.

Die Berechnungen für die amerikanische Regierung beantworten wichtige Fragen für Ihre Gesundheit. Sie zeigen:

- Wie ernst man in den USA den Vitaminmangel in der Bevölkerung nimmt.
- Wie wichtig die Erhaltung der Gesundheit durch die ausreichende Zufuhr von Vitaminen, Mineralien und Spurenelementen ist.
- Wie eindeutig die Forschung jenseits des Atlantiks heute interpretiert wird.
- Wie wichtig die Kenntnisse über eine optimale Mikronährstoffzufuhr für die Erhaltung Ihrer Gesundheit sind.

Vorbeugung statt Symptom-Medizin

Was ist der Unterschied zwischen Vorbeugung und Symptom-Medizin?

Im alten China wurde der Arzt nur bezahlt, wenn er seine Patienten gesund erhielt. Wurde jemand krank, wurde er kostenlos behandelt. Dieses Ziel der Medizin zur Vorsorge ging in den letzten Jahrhunderten verloren. Heute steht die medikamentöse Behandlung von Krankheiten – genauer gesagt von Symptomen – und nicht die Erhaltung der Gesundheit im Vordergrund.

Aus gutem Grund waren Ernährung und Medizin im alten China eng verbunden. Ungefähr 70 % des Gesundheitsbudgets wird heutzutage für die Folgen von ernährungsbedingten Krankheiten ausgegeben.[1]

Was Sie für Ihre Gesundheitsvorsorge langfristig mit Mikronährstoffen erreichen können, möchte ich Ihnen in den nächsten drei Kapiteln beispielhaft an den drei auch für Sie wichtigsten Krankheitsbildern zeigen. Die Todesursachen 1–3 lassen sich nämlich durch Mikronährstoffe stark beeinflussen: 1. Herz-Kreislauf-Erkrankungen, 2. Krebs und 3. Diabetes mellitus.

Herz-Kreislauf-Erkrankungen

Mikronährstoffmangel als Hauptrisikofaktor der Todesursache Nr. 1

Herz-Kreislauf-Erkrankungen stehen an der Spitze der Todesursachen in der westlichen Welt. Drei Risikofaktoren tragen zu ihrer Entstehung bei:

- **Risikofaktor 1:** Zugesetzte Arterien durch oxidierte Blutfette, da zuwenig Vitamin C, Vitamin E und Selen im Blut ist.
- **Risikofaktor 2:** Hohe Homocysteinblutwerte, da Homocystein wegen niedriger Mengen an Vitamin B_6, Vitamin B_9 (Folsäure) und Vitamin B_{12} nicht abgebaut werden kann.
- **Risikofaktor 3:** Bluthochdruck durch Magnesiummangel.

Durch zusätzliche Mikronährstoffe lassen sich diese Risikofaktoren halbieren.

Sicher ist Ihre Reaktion jetzt:

- „Eine solche Vorsorge wäre ja zu einfach und zu billig.“
  Sie treffen mit dieser Aussage das Kernproblem: Vitamine sind preiswert und nicht patentierbar. Teure Zulassungsverfahren als verschreibungsfähige Arzneimittel sind daher nicht rentabel für die pharmazeutische Industrie. Da wegen des Arzneimittelgesetzes nur zugelassene Medikamente medizinische Aussagen auf dem Beipackzettel machen dürfen, werden Sie trotz der vielen wissenschaftlichen Studien aus rechtlichen Gründen auf keiner Vitaminpackung je irgendeine medizinische Aussage finden.
- „Außerdem hat mein Arzt mich noch nie darauf aufmerksam gemacht.“
  Die aufregendsten klinischen Studien wurden Mitte der 90er Jahre ausgewertet. Es dauert circa zehn Jahre, bis medizinisches Wissen umgesetzt wird.

Max Planck formulierte es sehr zutreffend: „Wissenschaftliche Wahrheit setzt sich nicht in der Weise durch, daß ihre Gegner überzeugt werden, sondern vielmehr dadurch, daß die Gegner allmählich aussterben und die nächste Generation von Anfang an mit den neuen Gedanken aufwächst."

Für Ihre eigene Gesundheitsvorsorge ist es wichtig, über die neuen Studien Bescheid zu wissen und nicht darauf zu warten, daß Ihr Arzt Sie darauf aufmerksam macht.

Antioxidanzienmangel und Herz-Kreislauf-Erkrankungen

Warum ist Cholesterin nicht der Hauptrisikofaktor für Herz-Kreislauf-Erkrankungen?

In den 80er Jahren glaubte man noch, hohe Cholesterinwerte wären der Hauptrisikofaktor bei Herz-Kreislauf-Erkrankungen. Heute weiß man, daß Cholesterin erst dann die Arterien verklebt, wenn es durch Freie Radikale oxidiert wird – es sozusagen ranzig wird –, da zu wenige Antioxidanzien wie Vitamin C und Vitamin E im Blut vorhanden sind.

Viele große Bevölkerungs-Studien haben gezeigt, daß die Werte von Vitamin E im Blut eine höhere Aussagekraft über zukünftige Herzinfarkte zulassen als die Cholesterinwerte.[2] Hohe Cholesterinwerte konnten in 29 % der Fälle mit Herzinfarkten in Verbindung gebracht werden, hoher Blutdruck bei 25 % der Patienten, aber niedrige Vitamin-E-Werte im Blut hatten eine Vorhersagekraft in 70 % der Fälle.[3]

Die MONICA-Studie der Weltgesundheitsorganisation, die in 16 europäischen Ländern durchgeführt wurde, kam zu ähnlichen Resultaten: In 87 % der Fälle konnte ein Zusammenhang zwischen dem Herzinfarktrisiko und zu niedrigen Vitamin-E- und Vitamin-C-Werten im Blut hergestellt werden.

Auch das Schlaganfallrisiko steigt um das 4,2fache bei einem niedrigen Gehalt an Vitamin C und Beta-Carotin im Blut.[4] Bei Vitamin E erreichen 40 bis 100 % der Bevölkerung mit der Ernährung nicht einmal die Minimalzufuhr von 12 mg. Wissenschaftler empfehlen für eine optimale Vorsorge vor Herz-Kreislauf-Erkrankungen 100 mg Vitamin E täglich.

Antioxidanzien verringern Herz-Kreislauf-Erkrankungen um 40 %

Pro Jahr erleiden 274.000 Deutsche einen Herzinfarkt. Das entspricht den Passagierzahlen von drei Jumbo Jets pro Tag. Niemand würde bei dieser Absturzrate ohne Fallschirm in ein Flugzeug steigen. Bei Herz-Kreislauf-Erkrankungen denken jedoch die wenigsten Menschen an eine Absicherung. Allein mit Vitamin E könnte das Absturzrisiko um 40 % vermindert werden.

Wie läßt sich mit den antioxidativen Vitaminen E und C das Risiko für Herz-Kreislauf-Erkrankungen halbieren?

Zwei Harvard-Studien, die über acht Jahre an 87.000 Krankenschwestern[5] und 40.000 Ärzten[6] durchgeführt wurden, zeigten: Das Risiko von Herz-Kreislauf-Erkrankungen kann um 41 % gesenkt werden, wenn 100 bis 200 mg Vitamin E täglich gegeben werden. Einnahmen von Vitamin E über 200 mg zeigen dabei die beste Risikominderung. Die Sterbehäufigkeit sinkt um circa 34 %.

Wer von Ihnen hat schon einmal ein EKG beim Arzt gemacht oder hatte hohe Blutfette? Hat Ihr Arzt Ihnen daraufhin Vitamin E empfohlen?

In meinen Vorträgen stelle ich in 95 % der Fälle fest, daß dies vergessen wurde. Ärzte sind hoch motivierte fleißige Menschen, aber keine Computer, denen das neueste Wissen schnell auf die Festplatte überspielt werden kann. Medizinischer Fortschritt braucht deshalb so lange, bis er in den Arztpraxen umgesetzt wird. Als Leser dieses Buches sind Sie der Umsetzung also um einige Jahre voraus.

Die Risikominderung für einen erneuten Herzinfarkt bei schon bestehenden Herzerkrankungen beträgt nach einer Studie mit 2.200 Patienten der Cambridge University von 1996[7] 75 % bei der Verabreichung von 400 bis 800 mg Vitamin E.

In der folgenden Tabelle finden Sie einige aktuelle Studien zu den Vitaminen E und C. Warum diese ausführlichen Tabellen? 30 Sekunden Lesezeit dieser Tabelle geben Ihnen die Fakten an die Hand, um sich eventuell lange Krankenhausaufenthalte zu ersparen.

Prof. Lauterbach vom Institut für Gesundheitsökonomie der Universität Köln hat errechnet, daß sich mit Vitamin E jährlich neun Milliarden Mark im deutschen Gesundheitssystem einsparen ließen. Die Gesundheitsreform hätte spielend damit finanziert werden können – vorausgesetzt, Vitamin E wäre für jeden erschwinglich und nicht 800 % teurer als in den USA.

Einfluß von Vitamin C und E auf die Sterberate durch Herz-Kreislauf-Erkrankungen			
↓ Rückgang der Sterbehäufigkeit um	**Anzahl der Studienteilnehmer**	**Vitamin C**	**Vitamin E**
↓ 42 %	4.479 Männer[8]	mindestens 300 mg	
↓ 25 %	6.879 Frauen[9]	mindestens 300 mg	
↓ 34 %	87.245 Frauen[10]		mehr als 75 mg
↓ 36 %	39.910 Männer[11]		mehr als 75 mg
↓ 70 %	2.226 Männer (nach dem 1. Herzinfarkt)[12]	Multivitamin	+ Vitamin E
↓ 32 % Frauen **↓ 65 % Männer**	5.133 Frauen und Männer[13]	Vitamin C	+ Vitamin E
Nach: Dietl, Gesche: Herzaktive Nährstoffe. Spitta Verlag, 1999.			

Übrigens kann Vitamin E seit der letzten Gesundheitsreform sogar verschrieben werden. Ironischerweise aber erst nach dem ersten Herzinfarkt!

All dies ist, glaube ich, Grund genug, selbst die Initiative zur Vorsorge zu übernehmen, damit Sie die Rentenversicherung nicht durch dumme Versäumnisse sanieren.

Vitamin E steht im Zentrum der therapeutischen Maßnahmen zur Senkung des Herzinfarktrisikos. Vitamine sind keine Alternativmedizin, sondern funktionieren auf naturwissenschaftlich nachprüfbare Weise und sind somit Teil der Schulmedizin. Keine Risikolebensversicherung zahlt Ihnen ähnliche Beträge aus wie Vitamin E.

Selenmangel und Herz-Kreislauf-Erkrankungen

Außer den Vitaminen C und E hat der Körper auch eigene antioxidative Enzyme, die Freie Radikale abfangen. Hauptbestandteil dieser Enzyme ist Selen, das dafür sorgt, daß die Blutfette nicht „ranzig“ werden, und den Herzmuskel stabil hält.

Der Herzmuskel besteht aus Millionen kleiner Brennöfen (Mitochondrien), in denen ständig Energie produziert wird, damit das Herz pumpt. Dabei entstehen Milliarden von freien Radikalen. Die Membranen dieser Brennöfen werden durch selenhaltige Enzyme stabil gehalten. Eine Studie an 11.000 Finnen, die über sieben Jahre untersucht wurden, zeigt, wie deutlich der Selengehalt des Blutes mit dem Auftreten von Herz-Kreislauf-Erkrankungen zusammenhängt. Das abgelagerte Blutfett an den Arterienwänden stand in direkter Beziehung zur Höhe der Selenspiegel im Blut. Blut-Selenwerte unter 45 µg/l waren mit einem dreimal so hohen Herzinfarktrisiko verbunden als hohe Selenblutwerte.[14] Eine zusätzliche Gabe von 150 µg Selen konnte das Herzinfarktrisiko bei Männern im Vergleich zur Kontrollgruppe deutlich senken.[15]

Mikrogramm ist die Bezeichnung für den millionsten Teil eines Gramms und wird mit µg oder mcg abgekürzt. Die Abkürzung µg wird häufiger für Laborwerte verwendet, mcg finden Sie oft auf Packungen von Vitamintabletten. In diesem Buch wird aus Gründen der Einheitlichkeit µg verwendet.

Vitamin B_9 verringert Homocystein

Haben Sie schon einmal Homocystein messen lassen? Nein? Menschen mit hohen Homocysteinwerten haben ein dreimal so hohes Herzinfarktrisiko wie Personen mit Normalwerten.

Homocystein kann bei einem Mangel an Folsäure (Vitamin B_9), Vitamin B_6 und Vitamin B_{12} nicht abgebaut werden. Dadurch steigen die Homocysteinwerte an und führen zu Arterienverkalkung.

Circa 80 % der Männer und 90 % der Frauen decken nicht den empfohlenen Minimalbedarf an Folsäure! Zwischen 50 und 90 % nehmen zu wenig Vitamin B_6 zu sich.

Zusätzliches Vitamin B_6, B_9 und B_{12} kann die Homocysteinwerte um 50 bis 60 % senken.[16] Man hat errechnet, daß jährlich 56.000 Todesfälle aufgrund von Herz-Kreislauf-Erkrankungen in den USA vermieden werden könnten, wenn der Folsäuremangel behoben würde. Für Deutschland setzt Prof. Pietrzik von der Universität Bonn 15.000 Todesfälle pro Jahr an. Wegen der bestehenden Lücke in der

Vitaminzufuhr sollten Sie unbedingt zusätzliche B-Vitamine einnehmen.

Die Ergebnisse der Studien sind so eindeutig, daß die amerikanische Regierung inzwischen Maßnahmen ergriffen hat, um den Folsäuremangel auszugleichen. Alle Frühstückscerealien werden seit dem 1. Januar 1998 mit Folsäure angereichert. Eine Maßnahme, die Pfennige kostet, aber Milliarden einsparen wird.

Magnesium senkt den Blutdruck

Niedrige Magnesiumblutwerte stehen in direkter Beziehung zu Bluthochdruck. Hohe Magnesiumblutwerte senken den Blutdruck.[17,18] 60 bis 80 % der Bevölkerung leiden unter Magnesiummangel. Eine fast unüberschaubare Anzahl von Studien belegt den erfolgreichen Einsatz von Magnesium bei Herz-Kreislauf-Erkrankungen wie akutem Myocardinfarkt, Herzrhythmusstörungen, Angina pectoris, Herzmuskelschwäche, Herzklappenfehler sowie bei Schlaganfall. Wieder kostet das nicht patentierbare Magnesium Pfennige im Vergleich zu einem pharmazeutischen Blutdrucksenker.

Ein viel wichtigerer Risikofaktor für Herz-Kreislauf-Erkrankungen als hohes Cholesterin ist ein Mangel an wichtigen Mikronährstoffen. Die optimale Versorgung mit Antioxidanzien (Vitamin A, C und E, Selen) verhindert die Oxidation von Blutfetten; Vitamin B_6, B_9 und Vitamin B_{12} senken die Homocysteinwerte und verhindern damit Arterienverkalkung. Magnesium senkt den Blutdruck. Frühzeitig eingesetzt, sind Herz-Kreislauf-Erkrankungen in vielen Fällen durch eine optimale Versorgung mit Mikronährstoffen vermeidbar.

Todesursache Nr. 2: Krebs

Antioxidanzien senken die Krebsrate um die Hälfte

213.748 Menschen starben laut Statistischem Bundesamt 1995 an Krebs. Sieht man sich die altersmäßige Verteilung dieser Krebstodesfälle an, stellt man fest, daß viele Patienten dieses Schicksal immer früher ereilt.

Aber ist es wirklich Schicksal, an Krebs zu erkranken, oder bezahlen viele Patienten für eine versäumte Vorbeugung?

Was würden Sie dafür ausgeben, wenn Sie dieses Risiko um 50 % verringern könnten?

Antioxidanzien zur Senkung des Krebsrisikos

Sie mögen diese Fragen vielleicht für übertrieben halten. Die Studienergebnisse sprechen allerdings eine eindeutige Sprache. In einer zusammenfassenden Analyse der Berkeley University hat Prof. Block 164 medizinische Studien über 13 verschiedene Krebsarten ausgewertet. In 129 Studien wurde dabei gezeigt, daß die durchschnittliche Krebsrate um 50 % niedriger ist, wenn täglich hohe Werte an Antioxidanzien (Vitamin A, Vitamin C, Vitamin E, Beta-Carotin) erreicht werden. Die vorbeugende Rolle von antioxidativen Vitaminen ist heute in der wissenschaftlichen Welt unumstritten.

Wieviel geben Sie monatlich für eine Krankenhaus-Tagegeldversicherung aus und wieviel für eine Vitaminprophylaxe als Gesundheitsversicherung?

Das Nationale Krebs-Forschungsinstitut in den USA hat 47 klinische Studien nur zu Vitamin C ausgewertet.[19] 34 davon zeigen, daß sich bei den Teilnehmern mit den höchsten Vitamin-C-Werten im Blut das Krebsrisiko halbierte.

Studien, die einen direkten Zusammenhang zwischen erhöhten Vitamin-C-Werten und der Senkung des Krebsrisikos zeigen		
Form von Krebs	**Anzahl der Studien**	**Direkter positiver Zusammenhang (statistisch signifikant)**
Speiseröhre, Mund, Luftröhre	8	8
Magen	6	6
Lunge	9	5
Bauchspeicheldrüse	6	4
Darm	8	4
Gebärmutter	5	4
Enddarm	5	3
Gesamt	47	34

Spurenelemente verringern die Wahrscheinlichkeit der Krebsentstehung

Wie beugt das Spurenelement Selen gegen Krebs vor?

Es ist Ihnen vielleicht nicht bewußt, aber jeden Tag haben Sie einmal Krebs, denn täglich entstehen in ihrem Körper entartete Zellen. Spurenelemente wirken indirekt über das Immunsystem bei der Vernichtung dieser Krebszellen mit. Sie funktionieren auf drei Ebenen:

- Selen stimuliert die Aktivität von Lymphozyten (weiße Blutkörperchen) und Killerzellen. So steigerte die zusätzliche Einnahme von 200 µg Selen die Aktivität der Tumorzellen-tötenden Lymphozyten um 118 % und die Aktivität der Killerzellen um 82 %.[20]
- Selen fängt, als Teil von körpereigenen antioxidativen Enzymen, Freie Radikale in den Zellen ab und verhindert so deren Entartung.
- Selen bindet sich auch an krebserzeugende Schwermetalle und leitet diese aus dem Körper.

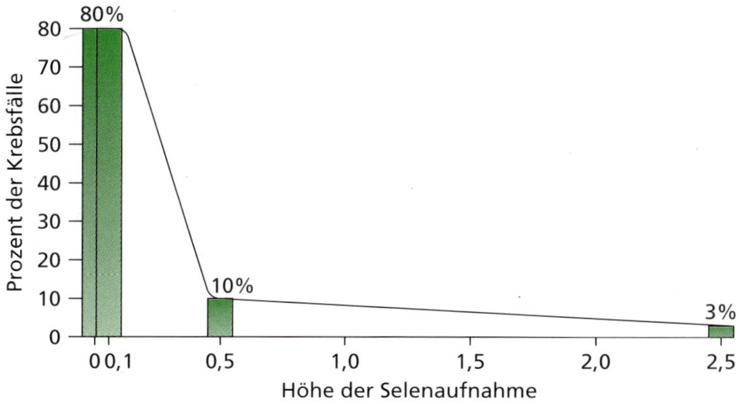

Abb 4: Schutzeffekt von Selen gegen krebserregende Substanzen im Tierversuch[21].

Wie erstaunlich Selen gegen krebserregende Substanzen wirkt, zeigt Abb. 4. Die Krebsentstehung nimmt mit steigender Aufnahme von Selen drastisch ab.

Selen ist also ein wichtiges Spurenelement bei der Krebsvorbeugung. Durch die selenarmen Böden ist die Deckung des Selenbedarfs durch die Nahrung, ähnlich wie bei Jod, in Deutschland nicht möglich.

Durch die Verminderung von freien Radikalen und die Unterstützung des Immunsystems kann die Zufuhr von antioxidativen Vitaminen und Selen das Krebsrisiko entscheidend vermindern.

Todesursache Nr. 3: Diabetes mellitus

Mikronährstoffe verringern Folgeerscheinungen

In den USA gibt es alleine 14 Millionen Diabetiker. Diabetes mellitus, kurz Diabetes genannt, steht an dritter Stelle der Todesursachen mit 300.000 Toten pro Jahr.

Die schlimmsten Folgen der Zuckerkrankheit sind die Schäden am Gefäßsystem. Diese Gefäßschäden werden durch in der Blutbahn kursierende Zuckermoleküle verursacht, die sich mit Eiweißen verbinden (Glykolisierung) und dann auch kleinste Gefäße, die Kapillaren, verdicken. Von diesen Gefäßschäden sind nicht nur die feinsten Versorgungsgefäße der Augen und Nieren betroffen, sondern auch die Füße, die Nerven und das Herz. Die traurigen Folgen dieser Gefäßschäden sind häufig Erblindung, unerträgliche Nervenschmerzen und ein viermal höheres Herzinfarktrisiko. 30 % aller Nierenversagen und 50 % aller Amputationen sind Spätkomplikationen der Zuckerkrankheit. 105 Milliarden Dollar kosten die Diabetiker alleine das amerikanische Gesundheitssystem.[22]

Das Problem ist der hohe Zuckerkonsum. Heute nehmen wir mit der Nahrung fünfmal soviel Zucker auf wie vor 100 Jahren. Ohne eine Ernährungsumstellung und eine Verminderung der Zuckerzufuhr läßt sich Diabetes wohl kaum vermeiden. Jedoch lassen sich die Wirkung des Insulins verbessern und die Gefäßschäden vermindern.

Beeinflussung der Insulinresistenz durch Mikronährstoffe

Wie können Sie die Zuckerverwertung verbessern?

90 % der Diabetiker produzieren zuviel Insulin. Dieses ist aber nicht mehr so wirksam, es liegt eine Insulinresistenz vor.

Vitamin E[23, 24, 25] und das Spurenelement Chrom[26] haben entscheidenden Einfluß auf die verbesserte Zuckerverwertung und die Wirkung des Insulins. Diese Beeinflussung des Insulinstoffwechsels ist auch wichtig, bevor sich Diabetes entwickelt.

Derzeit kann der Chrombedarf aus der Ernährung nicht gedeckt werden, denn der Verbrauch an diesem Spurenelement erhöht sich wesentlich durch eine zuckerreiche Ernährung. Die Böden in Nordeuropa weisen aber eine erhebliche Chromarmut auf.

Allein 15 Studien berichten über positive Effekte von Chrom auf die Funktionsfähigkeit des Insulins[27].

Antioxidanzien vermindern Gefäßschäden

Wie können Sie als Diabetiker Gefäßschäden reduzieren?

Die im Blut kreisenden Zuckermoleküle, die mit Eiweißen reagieren und dann die Gefäße durch Einlagerungen verdicken, führen zu Schädigungen an verschiedenen Organen. Vitamin C kann diese Zucker-Eiweiß-Reaktion um 33 % vermindern.[28, 29] Dadurch nehmen die Gefäßschäden ab. Zusätzlich schützt Vitamin C die Augen, die besonders häufig von den Schädigungen der Blutgefäße betroffen sind. Deshalb ist eine Zufuhr von bis zu 1,5 g Vitamin C täglich bei Diabetikern sinnvoll.

Diabetiker haben eine erhöhte Produktion Freier Radikale und dadurch wesentlich häufiger Freie-Radikalerkrankungen. Die Zellschädigungen durch Freie Radikale können mit dem MDA-Test gemessen werden (s. Kap. 1, S. 22). Antioxidanzien können das Auftreten der Freie-Radikalerkrankungen, beispielsweise Herz-Kreislauf-Erkrankungen, halbieren.[30, 31]

Vorbeugung durch eine veränderte Ernährung und die optimale Versorgung mit Vitaminen, Mineralien und Spurenelementen sind die beste Versicherungspolice. Die Ergebnisse von Studien bei Herz-Kreislauf-Erkrankungen, Krebs und Diabetes zeigen, wie Sie unnötige Erkrankungen vermindern können. Erstaunlicherweise werden häufiger Krankenhaus-Tagegeldversicherungen abgeschlossen, als sich um die viel wichtigere Absicherung der Gesundheit zu kümmern.

Ein schlagkräftiges Immunsystem

Optimale Unterstützung durch Mikronährstoffe

Immunsystem – Der tägliche Abwehrkampf

Ein Heer von Bakterien und Viren, aber auch von entarteten Zellen (Krebs) bedroht täglich Ihre Gesundheit. Das Immunsystem führt jeden Tag einen Guerillakrieg gegen diese Eindringlinge, der packender ist als jede Sonderberichterstattung im Fernsehen. Denn all dies passiert nicht tausende Kilometer entfernt, sondern direkt in Ihrem eigenen Körper.

Warum funktioniert das Immunsystem besser, wenn ausreichend Mikronährstoffe vorhanden sind?

Die Killer- und Freßzellen des Immunsystems sind die Heckenschützen, die Bakterien und Viren als erste bekämpfen. Wenn eine Freßzelle ein Bakterium frißt, bombardiert sie es mit Freien Radikalen. Mit diesen Geschützen löst sie die Zellwände des Bakteriums auf und kann es so zerstören. Wenn Ihnen das zu abstrakt ist, können Sie es in Abb. 5 noch einmal sehen. Hier verschlingt gerade eine Freßzelle eine Hefezelle.

Damit die Freien Radikale nicht die Freßzelle selbst zerstören, sind in deren Zellwand große Mengen Vitamin E eingelagert, das dort die Freien Radikale abfängt. Auch Vitamin C ist für diesen Zweck in den Zellen des Immunsystems in einer 40fach höheren Menge vorhanden als in anderen Zellen.

Um eine Selbstzerstörung der Immunzellen bei dieser Abwehrreaktion zu verhindern, fährt das Immunsystem seine Leistung herunter, wenn nicht ausreichende Mengen an Vitamin C und Vitamin E als Radikalenfänger vorhanden sind. Das heißt: Nur wenn die Immunzellen vollgesogen sind mit Vitamin C, funktioniert das Immunsystem auf Hochtouren. Bei Krankheiten steigt daher auch der Antioxidanzienbedarf enorm an!

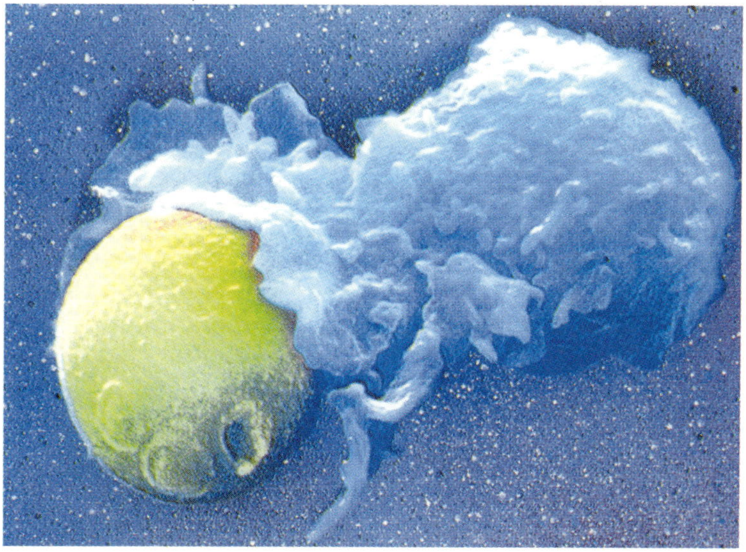

Abb. 5: Schlagkräftiges Immunsystem. Eine mit Antioxidanzien gepanzerte Freßzelle des Immunsystems verschlingt eine Hefezelle, um sie dann mit freien Radikalen aufzulösen.

Vitamin C gegen Erkältungen

Warum haben Tiere keine Erkältungen?

Der Mensch ist das einzige Säugetier, das kein Vitamin C im Darm produziert. Ein „Patzer" der Evolution, der sich bei der Entstehung dieser Veränderung im Erbgut des Menschen nicht negativ auswirkte, da die Nahrung des Urmenschen nach Berechnungen des Nobelpreisträgers Linus Pauling den circa 40fachen Vitamin-C-Gehalt unserer Nahrung enthielt!

Vitamin C ist ausgesprochen aktiv gegen Viren. Man hat hochgerechnet, daß eine Katze pro Tag 10.000 bis 15.000 mg Vitamin C produziert. Der Mensch dagegen ist auf eine Vitamin-C-Zufuhr von außen angewiesen, um eine ähnliche Schlagkraft des Immunsystems zu erreichen. Trotzdem wundert es die Deutsche Gesellschaft für Ernährung (DGE), daß – mit der empfohlenen, im Vergleich zu den oben genannten Zahlen unverhältnismäßig niedrigen Menge von 75 mg – die Hälfte der deutschen Bevölkerung im Winter erkältet ist.

Zu Infektionszeiten steigt der Bedarf und der Verbrauch von Vitamin C. Die Eigenproduktion im Darm bei Tieren verdoppelt sich dann. Dies ist auch der Grund, warum Tiere nie erkältet sind. Die weißen Blutkörperchen saugen sich mit Vitamin C voll und sind abwehrbereit. Auch die Produktion von Interferon, einem Botenstoff, der die Abwehr stimuliert, wird durch Vitamin C angeregt.[32]

Dutzende von Studien haben die klinische Wirkung auf das Immunsystem bestätigt. Ein Beispiel dafür ist die Studie an 112 kanadischen Soldaten, die unter identischen Lebensbedingungen lebten: gleiche Schlafquartiere, gleiches Essen, Arbeit in den gleichen extremen Situationen.[33] Die Gabe von 1.000 mg Vitamin C verringerte die Erkältungshäufigkeit um 68 % gegenüber der Kontrollgruppe, die kein Vitamin C bekam.

Da die Freß- und Killerzellen mit Vitamin C effektiver funktionieren, können Bakterien- und Virusinfekte im Vorfeld besser abgewehrt werden. Wenn im Winter alle Menschen um Sie herum krank sind, läßt sich diese einfache Optimierung des Immunsystems als Vorbeugung einfach und billig durchführen.

Bei einer bereits eingetretenen Virusinfektion muß die Vitamin-C-Aufnahme allerdings erheblich gesteigert werden. Eine Analyse von 20 Vitamin-C-Studien zeigt, daß 5 g Vitamin C, direkt ab dem Beginn der Infektion eingenommen, die kritische Minimaldosis ist, mit der die Erkältungszeit um 25 % verkürzt werden kann.

Immunstimulation mit Vitaminen

Wie können Sie Ihr Immunsystem schlagkräftiger machen?

Viele unterschätzen, wie schlagkräftig das Immunsystem durch Vitamine gemacht werden kann. Sehr gut läßt sich das an älteren Menschen zeigen, die häufig ein schwaches Immunsystem durch Mikronährstoffmangel haben und dadurch infektionsanfällig sind.[34, 35, 36] Die Teilnehmer einer Studie wurden in zwei Gruppen eingeteilt.[37] Gruppe 1 bekam ein Multivitaminpräparat und die 4fache Dosis von Vitamin E und Beta-Carotin, Gruppe 2 eine Tablette ohne Vitamine. Die Ergebnisse waren beeindruckend:

- Die Infektionshäufigkeit betrug innerhalb eines Jahres bei der Vitamingruppe 23 Tage, bei der Gruppe ohne Vitamine 48 Tage.

- Die Zeit, in der Antibiotika eingesetzt werden mußten, konnte von 32 auf 18 Tage pro Jahr fast halbiert werden!
- Im Blut konnte mit einer höheren Killerzellaktivität und mehr Freß- und T-Zellen eine direkte Verbesserung des Immunsystems gemessen werden.

Hier zeigt sich noch einmal deutlich, wie immunstimulierend sich Vitamine auf das Immunsystem auswirken und wie wichtig eine über die Ernährung hinausgehende Einnahme ist.

Damit Sie einen kurzen Überblick über die Wirkung von Vitaminen auf das Immunsystem bekommen, sind in der Tabelle 91 Studien zu Immunsystem und Vitaminen zusammengefaßt.[38] Warum eine solche Tabelle? Ganz einfach: Immer wieder werden Sie von Bekannten oder der Boulevardpresse verunsichert, die behaupten, zusätzliche Vitamine hätten keine Wirkung. Die Tabellen des Buches geben Ihnen die konzentrierten Fakten, damit Sie sich selbst eine Meinung bilden können.

Zusätzliche Vitamingabe bewirkt ↗						
Vitamin	**T4-Zellen**	**Freß-zellen**	**Killer-zellen**	**Antikörper-Antwort**	**Lymphozyten-vermehrung**	**B-Zell-Aktivität**
A	↑	↑	↑	↑	↑	
Beta-Carotin	↑	↑	↑		↑	
B_{12}	↑					↑
C		↑	↑			
E	↑	↑	↑	↑	↑	↑
Vitaminmangel verursacht ↘						
B_6	↓	↓	↓	↓	↓	↓
A	↓	↓	↓		↓	

Die optimale Zufuhr von Mikronährstoffen macht das Immunsystem schlagkräftig. Ein intaktes Immunsystem ist die Grundlage für die Infekt- und Tumorabwehr und die Basis Ihrer Gesundheit.

Ein optimierter Stoffwechsel

Psychische Stabilität und höhere Leistungsfähigkeit

Nervenkostüm und Emotionen sind abhängig von Mikronährstoffen

Warum greifen die B-Vitamine ins Gefühlsleben ein?

Wie fühlen Sie sich in diesem Moment? Wie schnell arbeitet Ihr Gehirn? Wie leistungs- und belastungsfähig sind Sie in einer Stunde? All dies hängt davon ab, ob Ihr Körper alle Mikronährstoffe zur Verfügung hat, damit Ihr Stoffwechsel reibungslos ablaufen kann.

Die B-Vitamine werden auch psychogene Vitamine genannt, denn sie haben einen direkten Einfluß auf die Gefühlslage, die nervliche Belastbarkeit, die geistige Leistungsfähigkeit und auf Depressionen. Besonders depressive Stimmungslagen lassen sich hervorragend mit den Vitaminen B_6, B_{12} und Folsäure (Vitamin B_9) beeinflussen.[39, 40] Denn diese Vitamine werden für die Produktion der Gefühlshormone Serotonin und Noradrenalin gebraucht.

Serotonin ist der beruhigende Glücklichmacher in unserem Gehirn und Nervensystem. Ein Stoff, der uns ins Paradies glücklicher Gedanken und abends in den Schlaf hineinschaukelt. Serotonin wird zum Beispiel nach dem Orgasmus ausgeschüttet. Eine geringe Serotoninproduktion durch einen Mangel an B-Vitaminen kann so bis in den Grenzbereich der Seele und Gefühle hineinwirken. Depressionen hängen oft nicht mit den Lebensumständen zusammen, sondern sind häufig biochemischer Natur.

Noradrenalin aktiviert uns, mit Begeisterung an Streß und Probleme heranzugehen, anstatt zu verzagen.

Ohne ausreichend B-Vitamine werden Ihre Nervenbahnen wirklichen Streß nie durchhalten und Gedanken kommen nur im Schneckentempo durch Ihre Gehirnzellen, weil die Signale im Gehirn zu langsam von Synapse zu Synapse, den Kontaktstellen zwischen den Nervenzellen, übertragen werden.

Warum verbrauchen Menschen mit Streß mehr B-Vitamine?

Dauerstreß braucht enorme Mengen an B-Vitaminen auf. In den Nervenleitbahnen, die Cholin und andere B-Vitamine benötigen, kommt es zu Übertragungsstauungen. Gestreßte Manager sind daher auch häufig verhaltensauffällig. Zur Beruhigung würde schon oft die Einnahme eines Vitamin-B-Komplexes ausreichen.

Auch bei Kindern mit hohem Zuckerkonsum und vitaminarmer Fast-Food-Ernährung, für deren Verwertung B-Vitamine gebraucht werden, können Verhaltensauffälligkeiten häufig auf einen Vitamin-B-Mangel zurückgeführt werden.

Warum brauchen Ihre Nerven Mineralien und Spurenelemente?

Auch andere Mikronährstoffe sind am Nervenstoffwechsel beteiligt. Bestimmte Mineralien sind notwendig, um Spannungen aufzubauen, damit Nervenreize durch elektrische Ströme übertragen werden können. Wenn es zum Beispiel an Calcium mangelt, dann werden Nervenreize nur noch bedingt übertragen. Es kommt dadurch zu nervöser Unruhe. Unter den Mineralien ist Calcium der „Nervenberuhiger".

Geringe Leistungsfähigkeit durch Mikronährstoffmangel

Was hat die Leistungsfähigkeit mit Mikronährstoffen zu tun?

Jedem ist klar: Wenn Sie Ihren Wagen mit Heizöl betanken, werden Sie auf der Autobahn nie mit Höchstgeschwindigkeit fahren können. Der menschliche Stoffwechsel funktioniert genauso. Wenn Sie nährstoffarmen „junk food" in der Betriebskantine essen und keine zusätzlichen Mikronährstoffe zu sich nehmen, brauchen Sie sich nicht zu wundern, wenn Sie nur mit halbem Tempo arbeiten und die Systeme schnell durch Stoffwechsel-Ablagerungen verkleben.

Ein Beispiel ist Vitamin C, das für über 15 000 Stoffwechselreaktionen benötigt wird. Vitamin-C-Mangel ist mitverantwortlich für das berüchtigte chronische Müdigkeitssyndrom (Chronic Fatigue Syndrome, CFS). Da Vitamin C an der Fettverbrennung beteiligt ist, können Fette, die Energie liefern, oft nicht verbrannt werden. Es kommt so zu einem Energiemangel.

Eine hohe Zufuhr von Vitamin C allein würde aber kaum etwas ändern. Mikronährstoffe arbeiten immer zusammen und sind voneinander abhängig. Der Stoffwechsel funktioniert, wie Sie bereits wissen, wie das Fließband in einer Fabrik, in vielen einzelnen Montage- und Verarbeitungsschritten, die nacheinander ausgeführt werden müssen. Wenn am Anfang des Produktionsprozesses ein Vitamin, Mineral oder Spurenelement fehlt, wird das Band (der Stoffwechsel) verlangsamt. Da hilft es nur eingeschränkt, wenn in der Endfertigung viel Vitamin C zur Verfügung gestellt wird.

Sie fühlen sich immer genauso gut, wie Ihr Stoffwechsel funktioniert. In dem Moment, in dem wichtige Mikronährstoffe fehlen, wird der Stoffwechsel verlangsamt. Sie werden gereizt, übellaunig und Ihre Leistung fällt ab. Mit Mikronährstoffen können Sie Ihr Nervenkostüm und Ihre Leistungsfähigkeit entscheidend beeinflussen.

Mikronährstoffmangel – kein Einzelfall

Warum sind die meisten Menschen überzeugt, daß die Ernährung den Vitaminbedarf abdeckt?

Sind Sie sicher, daß Sie den Minimalbedarf an Vitaminen decken? Mit hoher Wahrscheinlichkeit werden Sie, wie die meisten Menschen, diese Frage mit Ja beantworten.

Im Gegensatz dazu stehen Studien mit über 80.000 Teilnehmern aus Deutschland, Frankreich und den USA, in denen das Einkaufs- und Ernährungsverhalten erhoben wurde. 80 % der Bevölkerung nehmen nach diesen ausführlichen Erhebungen noch nicht einmal den Minimalbedarf an Vitaminen, der zur Vermeidung von Mangelerscheinungen nötig ist, mit der Nahrung zu sich.

Vielleicht gehören Sie zu den 20 %, die durch eine außergewöhnlich gesunde Ernährung diesen Minimalbedarf abdecken. Selbst dann werden Sie aber durch die Ernährung mit unseren heutigen Lebensmitteln auf keinen Fall eine optimale Vitaminzufuhr erreichen, wie sie zur Vorbeugung von Krebs und Herz-Kreislauf-Erkrankungen notwendig wäre.

Was bedeutet überhaupt Minimalzufuhr? Was zeigen die Studien zum Ernährungsverhalten eigentlich? Was können Sie für sich daraus entnehmen?

Die Deutsche Gesellschaft für Ernährung gibt extrem niedrige tägliche Zufuhrempfehlungen für Vitamine und Mineralien zur Vermeidung von Mangelerscheinungen. Diese Mengen sollten von allen Teilen der Bevölkerung mit den Nahrungsmitteln erreicht werden. Dieser Minimalbedarf stellt das untere Limit, sozusagen ein Vitamingrundrecht dar. Er schließt nicht einen erhöhten Verbrauch durch besondere Belastungen ein und berücksichtigt nicht eine optimale Versorgung.

Hoher Mikronährstoffmangel in der Bevölkerung

Wie groß ist der Vitaminmangel in der Bevölkerung?

Die fünf großen Verzehrstudien aus drei hochentwickelten Ländern zeigen, daß trotz der niedrig angesetzten Minimalwerte der Großteil der Bevölkerung mit Vitaminen, Mineralien und Spurenelementen unterversorgt ist. Wie sieht die Versorgung genau aus?

- An der Nationalen Verzehrstudie in der BRD (Vera) nahmen zwischen 1985 und 1989 23.000 repräsentativ ausgewählte Verbraucher teil. Bei Frauen zwischen 19 und 35 Jahren besteht danach bei 49 % ein Mangel an Vitamin C, bei 66 % an Vitamin B_{12}, bei 99 % an Folsäure und bei 76 % an Vitamin B_6. Für Folsäure, Zink, Jod und Calcium kommt kaum ein Bundesbürger auf die ohnehin niedrigen Minimalwerte, welche die Deutsche Gesellschaft für Ernährung empfiehlt. Für Selen wird gar nicht erst ein Richtwert angesetzt. Er wäre mit der Ernährung nicht zu decken.
- In den USA nahmen 21.500 Teilnehmer an einer Studie des Landwirtschaftsministeriums teil.[41] Keiner, ich buchstabiere: k e i n e r der 21.500 Teilnehmer erreichte die von der RDA, dem amerikanischen Pendant der DGE, empfohlenen Minimalwerte für die Vitamine A, B_1, B_2, B_6 und B_{12} sowie für Calcium und Eisen.
- In Frankreich gab es drei große repräsentative Studien: ESVITAF (1986), die Verzehrstudie im Burgund (1986) und die Studie im Val de Marne (1991). Diese drei Studien zeigen, daß unsere gourmetfreudigen Nachbarn die empfohlenen Minimalwerte durch die Ernährung nicht erreichen. Dr. Curtay zeigt, welcher Prozentsatz der Bevölkerung die Vitamin- und Mineralienempfehlungen nicht erreicht und faßt die drei Studien in einer Tabelle zusammen.[42]

Warum haben viele Menschen Mangelsymptome, ohne es auf die Ernährung zurückzuführen?

Die Zufuhrempfehlungen stellen den Minimalbedarf für Mikronährstoffe dar. Die großen Verzehrstudien zeigen, daß selbst dieser untere Wert heute kaum noch erreicht wird (s. Tab. S. 47).

Es wundert nicht, daß viele Menschen durch die mangelnde Aufnahme an den Symptomen eines Mikronährstoffmangels leiden.

Anteil der Bevölkerung, der *nicht* die empfohlenen Minimalwerte durch die Ernährung deckt (ausgewertet wurden drei Studien in Frankreich[43, 44, 45])		
Vitamin-/Mineralmangel	**Männer**	**Frauen**
↓A	12–60 %	9–50 %
↓B_1	43–80 %	69–80 %
↓B_2	27–60 %	24,6–60 %
↓B_3	49,5 %	49,3 %
↓B_6	67,5–80 %	90–92 %
↓B_9	40–90 %	50–90 %
↓C	25–60 %	15–60 %
↓D	90–98 %	90–98,6 %
↓E	40–100 %	75–100 %
↓Calcium	20 %	30 %
↓Eisen	5 %	55–90 %
↓Magnesium	60 %	80 %
↓Zink	80 %	90 %

Ernährungsexperten nehmen Mikronährstoffe

Was halten Experten von der Minimalzufuhr?

Wenn die Deutsche Gesellschaft für Ernährung ihre Empfehlungen so hoch ansetzen würde, wie nach den neueren Studien die optimale Versorgung mit Mikronährstoffen sein sollte, würde nur noch ein verschwindend geringer Teil der Bevölkerung die Zufuhrempfehlungen erreichen. Dann müßte man aber auch zugeben, daß die „abwechslungsreiche" Ernährung nicht mehr ausreicht.

Die meisten Experten sind sich dieser Tatsache längst bewußt: Eine Umfrage des Magazins *Prevention* bei den angesehensten Ernährungswissenschaftlern der USA ergab, daß diese ausnahmslos Vitamine zusätzlich einnehmen. Vor allem Vitamin C wird von Ernährungsexperten in einer Dosierung von 500 bis 3.000 mg eingenommen. Dieser Wert liegt 6- bis 40mal über den Empfehlungen RDA.[46]

Dr. Burton Kallmann von der National Nutritional Food Association hat ausgerechnet, daß für die Standardernährung für Affen in amerikanischen Zoos 23mal höhere Werte empfohlen werden, als die RDA es dem Menschen zugesteht.[47] Soviel Vitamine brauchen unsere nächsten Verwandten zur Erhaltung der Gesundheit, um sich vor Infektionen zu schützen und um sich im Zoo zu vermehren.

Zusammenhang zwischen Vitaminmangel und Mangelsymptomen

Vergleicht man typische Mangelsymptome mit dem prozentualen Anteil der Bevölkerung, der die Minimalwerte für die Mikronährstoffe nicht erreicht, fällt auf, daß es zwischen beidem wohl Zusammenhänge geben muß. Es scheint daher sinnvoll zu sein, zuerst bestehende Mängel auszugleichen und damit den Stoffwechsel zu sanieren, bevor die Symptome behandelt werden.

Mikronährstoff	Wofür wird der Mikronährstoff benötigt?	↑ Typische Mangelerscheinungen	Anteil der Bevölkerung, der die von der DGE empfohlenen Werte *nicht* erreicht
Vitamin B_1	Nerven-, Muskel- und Kohlenhydratstoffwechsel, Aufbau von Neurotransmittern	↑ Reizbarkeit ↑ Konzentrationsschwäche ↑ Schlaflosigkeit ↑ Depressionen ↑ Herzrhythmusstörungen ↑ Diabetes	↓ 43–80 %
Vitamin B_6	Eiweißstoffwechsel, Wachstumsprozesse, Immunsystem, Neurotransmitter	↑ Depressionen ↑ Unruhezustände ↑ prämenstruelles Syndrom ↑ häufige Infekte ↑ Osteoporose	↓ 67–90 %
Vitamin B_9	Blutbildung, Immunsystem, Neurotransmitter	↑ Herz-Kreislauf-Erkrankung ↑ Müdigkeitssyndrom ↑ Depressionen ↑ Reizbarkeit ↑ Vergeßlichkeit ↑ Schlafstörungen ↑ verminderte Immunität	↓ 50–90 %

Mikronährstoff	**Wofür wird der Mikronährstoff benötigt?**	**↑Typische Mangelerscheinungen**	**Anteil der Bevölkerung, der die von der DGE empfohlenen Werte *nicht* erreicht**
Vitamin C	beteiligt an 15.000 Stoffwechselreaktionen, Immunsystem, Bildung von Bindegewebe, Fettverbrennung Aufbau aller wichtigen Hormone und Neurotransmitter, Antioxidans	↑Herz-Kreislauf-Erkrankung ↑Allergieanfälligkeit ↑Zahnfleischbluten ↑Infektanfälligkeit ↑Müdigkeit ↑schlechte Fettverbrennung ↑Krebsrisiko ↑Katarakt (grauer Star)	↓25–60 %
Vitamin E	Antioxidans, schützt Zellmembranen und Augennetzhaut; verhindert Oxidation von Blutfetten	↑Krebs ↑Herz-Kreislauf-Erkrankung ↑Katarakt	↓40–100 %
Vitamin A/ Beta-Carotin	Funktion von Zellmembranen, Augen, Haut, Schleimhäuten	↑Katarakt ↑Krebs ↑trockene Haut ↑Nervosität ↑Netzhautprobleme	↓12–60 %
Magnesium	beteiligt an über 300 enzymatischen Reaktionen	↑Bluthochdruck ↑Muskelabbau ↑Muskelschmerzen	↓60–80 %
Zink	Hormonsynthese, beteiligt an über 500 Enzymen	↑Nachtblindheit ↑frühzeitig ergraute Haare ↑Schuppen ↑Infektanfälligkeit ↑niedrige Testosteronspiegel ↑niedrige Spermienzahl ↑Unfruchtbarkeit ↑Schlafstörungen ↑Rillen in den Fingernägeln ↑Hautveränderungen ↑Schuppenflechte und Ekzeme	↓80–90 %

Gründe des Mikronährstoffmangels

Paradox der Industriegesellschaft

Wieso deckt eine ausgewogene Ernährung heute nicht mehr den Minimalbedarf an Mikronährstoffen?

Woran liegt es nun eigentlich, daß fünf Studien, die in drei Ländern mit 80.000 Personen durchgeführt wurden, zeigen, daß mit der heutigen Ernährung nicht mehr die ausreichende Menge an Mikronährstoffen erreicht wird?

Es gibt fünf Faktoren, die für die Abnahme der Mikronährstoffzufuhr in unserer Ernährung verantwortlich sind:

1. Eine veränderte Zusammensetzung der Ernährung mit einem vermehrten Gehalt an gesättigten Fetten, Eiweißen und Einfachzucker (Glukose).
2. Ausgelaugte Böden und der Einsatz von Chemikalien.
3. Die Lagerung von Nahrungsmitteln und lange Transportwege.
4. Die Verarbeitung der Lebensmittel: Kochen, Schälen, Blanchieren, Pasteurisieren, Haltbarmachen, Bestrahlen und Ausmahlen.
5. Veränderte Eßgewohnheiten: Restaurants, Kantinen, Fertiggerichte.

Je nachdem, wie die Lebensmittel behandelt, gelagert und verarbeitet wurden, kann der Mikronährstoffgehalt bis zu 100 % schwanken. Die veränderten Eßgewohnheiten führen außerdem dazu, daß weniger Mikronährstoffe pro 1.000 Kalorien aufgenommen werden.

Veränderte Zusammensetzung der Nahrung und Mikronährstoffmangel

Vorurteil 1: „Die Ernährung hat sich für unseren Stoffwechsel nicht grundlegend geändert."

Viele Menschen wissen meist nicht einmal, daß Vitamine und Mineralien vor allem in Obst und Gemüse stecken. So spielen diese Lebensmittel mit einem hohen Anteil an Mikronährstoffen eine viel zu geringe Rolle in deren Ernährung.

Malen Sie sich doch einmal beim nächsten Strandbesuch die Eßgewohnheiten der vorbeipromenierenden Mitbürger aus: Hier läuft die Sahnetorten verschlingende Herzinfarktkandidatin dicht gefolgt vom an Mikronährstoffmangel leidenden Frühdiabetiker. Und da: der fettverstopfte Fast-Food-Typ mit drei „ernährungsmißbrauchten" Kindern mit chronisch aufgequollenen Fettzellen.

Wie hat sich die Nahrungszusammensetzung geändert?

Es werden zu viele „leere" Kalorien verzehrt. In Fett oder Zucker sind keine Mikronährstoffe enthalten! Daher die Bezeichnung „leere Kalorien". Um diese Lebensmittel zu verstoffwechseln, werden aber Vitamine benötigt. Dadurch werden die leeren Kalorien einer zucker- oder fettreichen Ernährung zusätzlich zu „Vitaminräubern".

In der Tabelle sehen sie einen Vergleich der heutigen Ernährung mit der des Steinzeitmenschen:[48]

	Urmensch im Paleolithikum	**Heute**
Anteil des **Proteins** an der Energiezufuhr	20–35 %	↓10–20 %
Anteil des **Fetts** an der Energiezufuhr	20 %	↑40 % ☹
Anteil der **Kohlenhydrate** an der Energiezufuhr, davon Einfachzucker	40–50 % 15–30 g	40–50 % ↑120–150 g ☹
Ballaststoffe	45 g	↓20 g ☹

Erhöhung des Konsums von Einfachzucker um das Zehnfache

Der Verzehr von Einfachzucker hat sich verzehnfacht. Auf diese großen Zuckermengen ist der Stoffwechsel nicht eingestellt, denn Einfachzucker verlangt vom Körper, ein Übermaß an gelieferter Energie zu verwerten. Dabei wird die überschüssige Energie erst einmal in Fett umgewandelt und in Depots für später abgelagert. So wachsen die Ringe um den Bauch jedes Jahr an.

Stärke, die zum Beispiel in Kartoffeln und Vollkornprodukten enthalten ist, hat im Gegensatz zu Einfachzucker mehrere miteinander verbundene Energiemoleküle. Man nennt sie daher komplexe Kohlenhydrate. Diese Energie wird nach und nach für den Körper aufgeschlüsselt. Die Ernährung mit komplexen Kohlenhydraten führt dadurch auch zu einem gleichbleibend hohen Energieniveau. Die Hochs und Tiefs und die Energielöcher mit Heißhunger auf Zucker entfallen. Leider enthält die Ernährung immer weniger dieser komplexen Kohlenhydrate.

Sie werden aber nicht nur dicker durch diese zuckerreiche Ernährung, sondern Sie entwickeln auch Diabetes, die Todesursache Nr. 3 in der Hitliste der ernährungsbedingten Krankheiten. Für das Verwerten von Glukose werden enorme Mengen an Insulin gebraucht. Dadurch wird nicht nur Ihre insulinproduzierende Bauchspeicheldrüse überlastet, sondern das führt auch dazu, daß vermehrt Chrom ausgeschieden wird.[49] Durch hohen Zuckerkonsum kann sich der Bedarf an dem äußerst knappen Spurenelement Chrom verdreifachen. Es entsteht ein Chrommangel. Insulin wirkt aber nur, wenn ausreichend Chrom vorhanden ist. Es entsteht ein Teufelskreis.

Sie sollten bei einer zuckerreichen Ernährung daher zumindest zusätzlich Chrom einnehmen, um das Insulin „fit zu halten“. Besser wäre es, langfristig die Ernährung umzustellen.

Die Spätfolge des hohen Zuckerkonsums, der chronischen Insulin-Überproduktion und des Mikronährstoffmangels durch leere Kalorien ist die Entwicklung von Diabetes.

Verdopplung des Fettkonsums

Auch vom Urmenschen wurde Fleisch verzehrt. Aber der Fettgehalt eines Wildtiers beträgt 4 bis 5 % im Gegensatz zu einem Stalltier mit etwa 30 % Fett. Während der Evolution gab es auch keine Nahrungsmittel, die praktisch nur aus Fett bestanden. Für das Überschwemmen des Blutes mit Fetten hat die Natur uns noch nicht mit der nötigen „Stoffwechselsoftware“ ausgestattet.

Vor allem Vitamin C, das zum Verbrennen des Fettes notwendig wäre, fehlt. Außerdem mangelt es an den anderen wichtigen Antioxidanzien, die verhindern, daß sich Fett an den Arterienwänden ablagert. Die Spätfolgen des Fettkonsums und des Antioxidanzienmangels sind die ernährungsbedingten Herz-Kreislauf-Erkrankungen.

Je höher Ihr Fettkonsum ist, um so mehr sollten Sie mit Antioxidanzien Herz-Kreislauf-Erkrankungen vorbeugen.

Halbierung des Eiweißanteils

Fast um die Hälfte ist die Zufuhr an Eiweiß zurückgegangen. Die wichtigen Aminosäuren, die an Entgiftungs- und Reparaturvorgängen beteiligt sind, fehlen dadurch häufig.

Halbierung des Ballaststoffanteils

Die Ballaststoffe haben wichtige Funktionen: Sie reinigen den Darm und verhindern ein zu schnelles Anfluten von Energie in die Blutbahn.

Die Folge der ballaststoffarmen Ernährung sind Verstopfung, Bakterienüberwucherung und Darmkrebs.

Senkung der Mikronährstoffaufnahme um 80 %

Die Mikronährstoffzufuhr ist durch leere Kalorien um 80 % gesunken. Ohne Mikronährstoffe werden Fette und Zucker schlechter verarbeitet. Ohne Vitamin C kann Fett nicht verbrannt werden. Ohne Chrom zirkulieren Zuckermoleküle oft stundenlang in der Blutbahn und führen zu oxidativen Schäden an den Zellen und dem Gefäßsystem.

Damit der Stoffwechsel leistungsfähig bleibt, muß der Mikronährstoffmangel der modernen Ernährung ausgeglichen werden.

Unsere Stoffwechselsoftware ist auf die veränderte Ernährung mit großen Mengen an leeren Kalorien und dem daraus resultierenden Mikronährstoffmangel nicht eingestellt. Die Folgen einer unphysiologischen Stoffwechselarbeit führen kurzfristig zu einer verringerten Leistungsfähigkeit und langfristig zu ernährungsbedingten Krankheiten: Herz-Kreislauf-Erkrankungen, Diabetes und Krebs.

Ausgelaugte Böden und Einsatz von Chemikalien

Vorurteil 2: „Natürlich bekommen wir in Deutschland alle Spurenelemente.“

Durch die überstrapazierten Böden haben, laut dem US Departement of Agriculture, viele der Nahrungsmittel nur noch einen Mineralienanteil, der 40 % unter dem von vor 30 Jahren liegt. Deutschland ist zusätzlich – bedingt durch die Ausschwemmung der Böden durch die Eiszeit – Mangelgebiet für Chrom, Zink, Jod und Selen. Folgen der mangelnden Versorgung mit Mineralien sind unter anderem:

- Die Schilddrüse vergrößert sich bei Jodmangel, um auch noch die letzten Krümel Jod aus dem Blut zu filtern. Ein Kropf bildet sich. Der Jodmangel kostete 1989 in Deutschland 1,2 Milliarden Mark wegen unnötiger Schilddrüsen-Operationen.[50] Ein paar Körnchen dieses Spurenelements könnten also problemlos 1,2 Milliarden ins Gesundheitsbudget spülen.
- Zink und Selen sind essentiell für das Funktionieren des Immunsystems und Bausteine für die Produktion körpereigener antioxidativer Enzyme. In der Tabelle können Sie den Selenmangel in Deutschland noch einmal nachvollziehen.

Land	Selenaufnahme pro Tag
BRD	↓40–60 µg ☹
USA	↓60–150 µg ☹
Kanada	150–200 µg
Japan	15–200 µg
Optimale Selenaufnahme[51] 150–200 µg	

Warum vermindern Insektizide den Vitamingehalt?

Die zusätzliche Einnahme eines Multimineralproduktes kann ohne Problem den Selen-, Jod-, Zink- und Chrommangel ausgleichen.

Der Einsatz von Insektiziden kann die Aufnahme von Mineralien durch die Pflanzen stören. Insektizide vernichten kleine Mikroorganismen an den Wurzeln, die für die Mineralstoffaufnahme benötigt werden.

Der Einsatz von bestimmten Insektenvertilgungsmitteln kann auch den Vitamingehalt beträchtlich reduzieren. So führt zum Beispiel der Einsatz von Propionsäure, ein Mittel gegen Pilze, zu einer Zerstörung von 90 % des Vitamin E in Getreideprodukten.[52]

Lagerung und Transport zerstören Mikronährstoffe

Warum reduzieren Lagerung und Transport den Vitamingehalt auf einen Bruchteil?

Vorurteil 3: „Ich esse immer frisch und daher vitaminreich."

Wie lange lagert Gemüse und Obst im Erntewagen, Lastwagen, Großmarkt und Supermarkt außerhalb von Kühltheken und dann bei Ihnen zu Hause in der dekorativen Obstschale? Wie stark sich die Lagerdauer auf den Vitamingehalt auswirkt, zeigen folgende Beispiele:

- Ein frisch geernteter reifer Apfel enthält 10 mg Vitamin C pro 100 g. Nach elf Wochen Lagerung bei 3 °C enthält der Apfel nur noch 5 mg: Verlust 50 %.
- Unreif geerntetes „Transport-Obst", zum Beispiel ein neuseeländischer Apfel, enthält außerdem weniger Vitamine als reifes Obst.
- Spinat verliert nach dreitägiger Lagerung bei Zimmertemperatur 70 % der Folsäure.

In der Tabelle sehen Sie diesen Mikronährstoffverlust bei Spinat noch einmal.

☹ Temperaturabhängiger Vitamin-C-Verlust durch Lagerung		
	Nach 24 Stunden	**Nach 48 Stunden**
4 °C	↓ 22 %	↓ 34 %
12 °C	↓ 26 %	↓ 40 %
20 °C	↓ 36 %	↓ 52 %

1.000 Kalorien der gleichen Lebensmittel haben heute wegen der langen Transportwege und der Lagerung nur noch einen Bruchteil ihrer Mikronährstoffe. Die Kalorienaufnahme mit weniger Mikronährstoffen ist für den Stoffwechsel problematisch.

Verarbeitung von Lebensmitteln

Vorurteil 4: „Beim Zubereiten und Weiterverarbeiten geht doch kaum etwas verloren."

47 Mikronährstoffe sind für das Funktionieren unseres Stoffwechsels unabdingbar. 70 % der Lebensmittel, die heute konsumiert werden, sind industriell weiterverarbeitet, pasteurisiert, sterilisiert, gewaschen, geschält, gekocht, bestrahlt und raffiniert. Ein Großteil der empfindlichen Biostoffe geht dadurch verloren. Wichtige Stoffe werden oxidiert oder in ihrer chemischen Struktur so verändert, daß sie nicht mehr bioverfügbar sind.

Dann werden Zusatzstoffe, Farbstoffe, Konservierungsmittel und pH-Wert-Stabilisatoren zugefügt, die wiederum mit den Nährstoffen chemisch reagieren. Viele dieser neuen chemischen Strukturen können vom Organismus nur noch entsorgt werden und sind an der Entstehung von Krebs beteiligt.

Vitaminverluste bei der Verarbeitung

So vitaminreich ist Ihre Ernährung:

Spinat verliert bei zweiminütigem Kochen 80 % der Folsäure.[53] (Sie erinnern sich: 15.000 Todesfälle in Deutschland ließen sich durch eine zusätzliche Einnahme von Folsäure vermeiden.) Beim Blanchieren von Tiefkühlgemüse gehen 95 % des Vitamin-C-Gehaltes, 60 % des Vitamin-B_1-Gehaltes und 40 % des Vitamin-B_2-Anteiles verloren.[54]

In der Tabelle sehen Sie den Vitaminverlust beim Herstellen von Auszugsmehl:

☹ **Vitaminverluste bei der Herstellung von weißem Auszugsmehl[55]**			
	Ganzes Korn	Auszugsmehl Typ 405	**Verlust in %**
Carotin	0,23 mg	0,06 mg	**↓ 74 %**
Vitamin B_1	0,48 mg	0,06 mg	**↓ 88 %**
Vitamin B_2	0,14 mg	0,03 mg	**↓ 79 %**
Vitamin B_3	5,10 mg	0,70 mg	**↓ 86 %**
Pantothensäure	1,18 mg	0,21 mg	**↓ 82 %**
Vitamin B_6	0,44 mg	0,18 mg	**↓ 59 %**

Verlust von Mineralien und Spurenelementen durch Verarbeitung

Die industrielle Verarbeitung führt zu erheblichen Mineralien- und Spurenelementverlusten. So viele Mineralien bekommen Sie noch:

Polierter Reis hat nur noch 25 % des Kupfers, Mangans und Chroms von Naturreis. Weißes Auszugsmehl enthält nur noch 7 µg Zink gegenüber 134 µg des Weizenvollmehls. Die wertvollen mikronährstoffreichen Randschichten des Korns gelangen in den Abfall oder in die Tiernahrung.

Ein optimaler Stoffwechsel ist mit unserer heutigen Ernährung nicht möglich. Die ersten vier Spurenelemente in der Tabelle (Mangan, Zink, Selen, Kupfer) sind Teil der wichtigen körpereigenen antioxidativen Enzyme, die Freie Radikale neutralisieren. Ohne Mangan, Zink und Selen kommt es außerdem zu einer Anreicherung von Schwermetallen im Körper.

Mineralien und Spurenelemente sind an allen wichtigen Stoffwechselreaktionen beteiligt. Der Entzug der wichtigsten Biostoffe verursacht einen rapiden Anstieg ernährungsbedingter Krankheiten.

☹ **Mineralverluste bei der Herstellung von weißem Auszugsmehl**[56]	
Mangan	↓ 86 %
Zink	↓ 78 %
Selen	↓ 70 %
Kupfer	↓ 68 %
Eisen	↓ 76 %
Kobalt	↓ 89 %
Molybdän	↓ 48 %
Chrom	↓ 40 %
Magnesium	↓ 85 %
Kalium	↓ 77 %
Phosphor	↓ 71 %
Calcium	↓ 60 %

Mikronährstoffverlust durch veränderte Eßgewohnheiten

Immer häufiger werden Lebensmittel vorverarbeitet und warmgehalten, bis sie tatsächlich verzehrt werden. Die Zahl der Personen, die in Schulen, Universitäten, Krankenhäusern, Altersheimen, Firmenkantinen und Schnellrestaurants ißt, wird immer größer.

Hier sind einige Beispiele für den Vitaminverlust:

- Salatbar: Geschnittener Salat und zerkleinertes Gemüse verlieren durch den Kontakt mit Sauerstoff und Licht pro Stunde 30 % der Vitamine.
- Eine aufgeschnittene Tomate verliert in einer Stunde 50 % des wichtigen antioxidativen Pflanzenstoffes Lycopen.
- Eine Studie zum Krankenhausessen in England zeigte: 100 g Erbsen hatten beim Auftauen 20,5 mg Vitamin C, nach dem Kochen 8,1 mg, nach einer Stunde im Warmhaltewagen auf Station 3,7 mg und auf dem Teller des Patienten 1,1 mg.[57]

- Eine Studie zur Qualitätssicherung im Krankenhaus Freiburg zeigte, daß der Mikronährstoffgehalt des Essens kaum ausreichte, um die wichtigsten Mangelerscheinungen zu vermeiden.[58] In Geschäftskantinen, Restaurantbüffets und Imbißlokalen ist der Mikronährstoffverlust ähnlich hoch.

Die Mikronährstoffzufuhr der Steinzeitfrau „Lucy" als Leitbild

Wie hoch war die Mikronährstoffzufuhr in der Evolution?

Die veränderten Eßgewohnheiten, ausgelaugte Böden, Lagerung, Transport und industrielle Verarbeitung führen dazu, daß der Mikronährstoffgehalt pro 1.000 Kalorien nur noch ein Bruchteil dessen beträgt, was für die optimale Funktion des Organismus notwendig wäre. Es ist unrealistisch anzunehmen, daß die arbeitende Bevölkerung in der modernen Industriegesellschaft immer vollwertige, direkt vom Feld geerntete, gekühlte und optimal zubereitete Lebensmittel essen kann. Nur damit könnte die von der Natur vorgesehenen Menge an Mikronährstoffen erreicht werden.

Der zweifache Nobelpreisträger Linus Pauling hat sehr vorsichtig den Mikronährstoffgehalt der Ernährung der Steinzeitfrau „Lucy", unserer Vorfahrin vor drei Millionen Jahren, ausgerechnet. Auf Basis von 2.500 Kalorien hätte „Lucy" eine dreifach höhere Menge an Mikronährstoffen aufgenommen, als die Deutsche Gesellschaft für Ernährung empfiehlt. Für Vitamin C wurde sogar das 40fache der Zufuhrempfehlung errechnet.

Dies bedeutet heute einen gravierenden Mangel an Mikronährstoffen im Vergleich zur Versorgung mit diesen essentiellen Stoffen während der menschlichen Entwicklungsgeschichte. Trotzdem glauben die meisten Menschen, sie erhielten alle Nährstoffe, um eine optimale Funktion ihres Stoffwechsels und Immunsystems sicherzustellen.

Um eine optimale Mikronährstoffzufuhr zu erreichen, gibt es zwei Möglichkeiten:

- Sie erhöhen die Kalorienzufuhr mit Obst und Gemüse um circa 1.500 Kalorien

- oder Sie nehmen zusätzlich Mikronährstoffe als Nahrungsergänzung.

Der Mythos von der „abwechslungsreichen Ernährung“

Kann man mit einer abwechslungsreichen Ernährung die Minimalzufuhr aller Mikronährstoffe sichern?

Die überbordenden Supermärkte täuschen einen Überfluß vor, der sich bei einer genaueren Analyse der Lebensmittel als Luftblase herausstellt. Durch den Verlust an Mikronährstoffen in den heutigen Nahrungsmitteln sind auch mit einer „abwechslungsreichen Ernährung“ die Minimalwerte kaum noch zu erreichen. Dadurch kommt es zu der paradoxen Situation eines „Mangels im Überfluß“.

Eine französische und eine holländische Studie entlarven den Mythos der „abwechslungsreichen Ernährung“. Die Hochrechnungen zeigen: mit weniger als 2.500 Kalorien können nur 80 % der empfohlenen, ohnehin schon niedrigen Richtwerte erreicht werden.[59, 60] Eine durchschnittliche Frau nimmt aber nur 1.850 Kalorien täglich auf. Eine höhere Kalorienaufnahme, auch mit „abwechslungsreicher Ernährung“, wäre nicht wünschenswert.

Daraus folgt: Um die Mängel heutiger Lebensmittel auszugleichen, sollten Mikronährstoff-Ergänzungen für eine optimierte Zufuhr sorgen.

Die Natur hat die Nährstoffbalance in Millionen von Jahren in der Evolution biochemisch ausgetestet. Der Stoffwechsel und das Immunsystem funktionieren optimal, wenn die circa 47 Mikronährstoffe in ausreichender Menge vorhanden sind. Die veränderte Nahrungszusammensetzung, Lagerung und Verarbeitung von Lebensmitteln sowie veränderte Eßgewohnheiten des industriellen Zeitalters haben dazu geführt, daß viele „Lebens“-mittel nur noch leere Kalorien sind, da ihnen ein großer Teil des Mikronährstoffgehalts entzogen wurde. Wesentliche Stoffwechselabläufe, Immunreaktionen und enzymatische Reparaturleistungen funktionieren nicht optimal, wenn Mikronährstoffe fehlen. Ernährungsbedingte Krankheiten treten auf. Die optimale Zufuhr von Mikronährstoffen liegt wahrscheinlich dreimal so hoch wie die von der DGE empfohlenen Werte.

DGE-Zufuhrempfehlungen

Aus der Steinzeit der Vitaminforschung

Welchen Einfluß haben die DGE-Werte auf die Produkte, die Sie in Deutschland kaufen können?

Sicher fragen Sie sich längst, warum die Werte der Deutschen Gesellschaft für Ernährung (DGE) für Sie als Verbraucher überhaupt so wichtig sind.

An den DGE-Werten orientieren sich verschiedenste Regelungen wie das Arzneimittelgesetz, von denen Sie als Verbraucher direkt betroffen sind. Zum Beispiel können Sie in Deutschland deswegen keine hochdosierten Mulitvitaminpräparate kaufen, und Vitamin E ist, durch die fehlende Konkurrenz, 800 % teurer als in den USA. Auch die Zollbestimmungen – also das Importverbot von preiswerten Vitaminen aus den USA – sind eng gekoppelt an die niedrigen DGE-Werte.

Tag für Tag bestimmt also eine Institution darüber, was Sie als Konsument überhaupt in Deutschland kaufen können und was Sie das kostet. Deswegen ist es interessant, sich zu fragen, wie solche Werte überhaupt zustande kommen.

Die DGE definiert einen Minimalbedarf, der mit optimaler Gesundheitsvorsorge wenig zu tun hat. Schaut man sich die Zufuhrempfehlungen näher an, bemerkt man folgende Probleme:

- Die Zufuhrempfehlungen verschiedener Staaten für bestimmte Vitamine unterscheiden sich bis um das 20fache![61] Nicht die wissenschaftliche Forschung, sondern die politische Machbarkeit bestimmt die Höhe der nationalen Zufuhrempfehlungen.
- Die Definition des Vitaminmangels ist antiquiert, da die Richtwerte auf Basis des Wissens über Vitamine der 40er und 50er Jahre entwickelt wurden.
- Die Langzeitfolgen eines Vitaminmangels und die vorbeugenden Aspekte durch Antioxidanzien sind nicht berücksichtigt.

Das Jojo-Spiel der politischen Zufuhrempfehlungen

Warum sind die staatlichen Zufuhrempfehlungen politische Richtlinien und nicht die optimalen Werte für eine Gesundheitsvorsorge?

Folsäuremangel besteht bei durchschnittlich 90 % der Bevölkerung. 9 von 10 Lesern haben also zuwenig dieses Vitamins. Da Folsäure unabdingbar für die Gesundheit ist, lohnt es sich also, sie ausführlicher zu behandeln.

- Folsäure ist ein extrem empfindliches Vitamin, das in grünen Blattgemüsen vorkommt. Bei dreitägiger Lagerung bei Supermarkttemperaturen gehen 70 % der Folsäure verloren, bei zweiminütigem Kochen weitere 80 % vom verbliebenen Rest. Unsere genetischen Voraussetzungen, also die Stoffwechselsoftware, haben sich seit der Erfindung des Kühlschranks und Kochtopfs nicht geändert. In der Evolution des Stoffwechsels war weder eine Lagerung noch das Erhitzen der Nahrung vorhergesehen.
- Folsäuremangel wirkt sich bei Frauen im gebärfähigen Alter besonders stark aus. Laut der deutschen nationalen Verzehrstudie Vera haben 99 % der Frauen zwischen 19 und 35 Jahren zuwenig Folsäure.[62] Folsäuremangel erhöht das Risiko um 70 %, Kinder mit einer Fehlbildung am Gehirn (Neuronaldefekt) zu gebären. Das sind in den USA pro Jahr ein paar tausend behinderte Kinder, weltweit etwa 300.000.
- 1 mg Folsäure zusätzlich kann dieses Risiko um 70 % senken. Das bestätigen seit 30 Jahren umfangreiche Studien. Die zusätzliche Folsäureeinnahme ist extrem sicher bis zu einer Menge des 1.200fachen Wertes der Zufuhrempfehlung von 400 µg.[63]
- Während der Haushaltskrise in den USA 1989 wurde trotz dieser Studienergebnisse die Folsäureempfehlung von 400 µg auf 200 µg halbiert. Denn je höher die empfohlenen Richtwerte sind, um so teurer wird das Sozialbudget. Das liegt daran, daß in den USA für Sozialhilfeempfänger Lebensmittelmarken ausgegeben werden, die den Zufuhrempfehlungen entsprechen müssen. In den Jahren darauf kam es vermehrt zur Geburt von fehlgebildeten Kindern.
- 1992 wurden von der FDA, der amerikanischen Arzneimittelbehörde, Vitamintabletten konfisziert, bei denen auf der Packung

angegeben war, daß Folsäure während und vor der Schwangerschaft das Fehlbildungsrisiko dramatisch senkt.

- 1993 wurde der Druck der Öffentlichkeit so groß, daß die FDA ihre Haltung ändern mußte. Im Journal der American Medical Association jubelte die FDA nun auf einmal, daß der Zusammenhang zwischen Fehlbildungen und Folsäuremangel „eines der aufregendsten Forschungsergebnisse Ende dieses Jahrhunderts" sei. Die Ergebnisse großer Studien lagen zu diesem Zeitpunkt ironischerweise bereits seit gut 20 Jahren vor! Der Wert wurde wieder auf 400 µg hochgesetzt.
- 50.000 Herzinfarkte werden durch Folsäuremangel in den USA verursacht. Da sich bei Folsäuremangel das Herzinfarktrisiko verdoppelt, ist es logisch, daß mit der zusätzlichen Gabe dieses Vitamins Geld im Gesundheitsbudget gespart werden kann. Deswegen wird seit Januar 1998 Grundnahrungsmitteln per Gesetz Folsäure zugesetzt. So wird – in den USA zumindest aus Kostengründen – endlich die Forschung zu den Mikronährstoffen umgesetzt.

Am Beispiel der Folsäure kann man sehen, wie Zufuhrempfehlungen trotz vorliegender Forschungsergebnisse aus dem Handgelenk heraus halbiert und einige Jahre später, wenn es opportun erscheint, wieder verdoppelt werden. Dann auf einmal werden sogar Grundnahrungsmittel damit angereichert. Ähnlich schwanken die Empfehlungen für andere Vitamine zum Beispiel für Vitamin E und Vitamin C.

Leider hat die DGE die Folsäurezufuhrwerte noch nicht an die Daten der neueren Forschung angepaßt. Die Politiker des Haushaltsausschusses in den USA setzten in diesem Fall die positiven Forschungsergebnisse schneller um. Zuzugeben, daß die empfindliche Folsäure mit der derzeitigen Ernährung bei 99 % der Bevölkerung nicht gedeckt werden kann, würde den Sinn der DGE-Werte insgesamt in Frage stellen. Denn die DGE geht davon aus, daß der Bedarf mit der Ernährung zu decken ist. Das schafft ja auch immerhin 1 % der deutschen Bevölkerung.

Prof. Pietrzik vom Institut für Ernährungswissenschaften in Bonn hat die Zahl der jährlich vermeidbaren Todesfälle durch Herz-Kreislauf-Erkrankungen für Deutschland auf 15.000 berechnet.

Wie bei Aktienkursen geht es mit den Zufuhrempfehlungen hoch und runter. Eine wirkliche Analyse der Fundamentaldaten der neuen Stoffwechselforschung und der klinischen Studien fehlt in den meisten Fällen. Je nach politischer Machbarkeit können Mikronährstoffe niedriger „notiert" werden. Zur Zeit steigen die „Mikronährstoffkurse" in den USA wegen des Einsparungspotentials im Gesundheitswesen.

Antiquierte Vorstellungen über Vitaminmangel

Wieso spiegeln die Zufuhrempfehlungen eher den Forschungsstand der 50er als der 90er Jahre wieder?

Grundlage für die DGE-Werte ist die Verhinderung von Mangelerkrankungen, die durch Vitaminmangel entstehen. Diese Mangelerkrankungen sind zum Beispiel Skorbut (Matrosen-Krankheit) bei Vitamin-C-Mangel, Anämie (Blutarmut) bei Vitamin-B_9- und -B_{12}-Mangel, Rachitis bei Kindern mit Vitamin-D-Mangel und Beriberi bei Vitamin-B_1-Mangel. Zum Schutz gegen diese Erkrankungen ist ein Minimum an Vitaminen notwendig. Natürlich stirbt an diesen Krankheiten kein Mensch mehr in Deutschland. Die Probleme liegen bei den Todesursachen Nr. 1–3.

Nach der „Pi-mal-Daumen"-Methode wurde bei den Zufuhrempfehlungen auf das absolute Minimum noch etwas zur Sicherheit aufgeschlagen, und man hatte einen Wert für die tägliche Zufuhr von Vitaminen und Mineralien.

Bei anderen Vitaminen, bei denen ein Defizit nicht sofort Mangelsymptome oder Krankheiten hervorruft, sondern sich erst nach vielen Jahren die Folgen der Unterversorgung zeigen, wie zum Beispiel bei Vitamin E, ist die Empfehlung noch folkloristischer entstanden. Der Richtwert in den USA von 12 mg Vitamin E pro Tag entstand, indem man berechnete, wieviel dieses Vitamins sich im Suppenteller des durchschnittlichen Amerikaners in den 50er Jahren befand, der keine größeren Anzeichen von Defiziten zeigte. Als Langzeitfolge zieht der Vitamin-E-Mangel allerdings ein doppelt so hohes Risiko für Herz-Kreislauf-Erkrankungen und Krebs nach sich.

Neue Orientierungswerte auf der Cornflakes-Packung sind für den Verbraucher daher notwendig. Minimalzufuhrwerte sind irreführend. Als Berechnungsbasis für die Zufuhr dürfen nicht die Kurzzeitfolgen, sondern die Langzeitfolgen eines Vitaminmangels dienen. Die Erfahrungen aus klinischen Langzeitstudien können dazu die besten Anhaltspunkte geben.

Durch die niedrigen Zufuhrempfehlungen wägt der Verbraucher sich in einer falschen Sicherheit. Seit dem Beginn der Stoffwechselforschung in den 60er Jahren, auf denen die DGE-Wert beruhen, gab es eine Explosion des Wissens. Eine optimale Gesundheitsvorsorge berücksichtigt heute die Langzeitfolgen des Vitaminmangels. Diese kann mit den derzeitigen Minimalzufuhrempfehlungen nicht erreicht werden.

Stadien und Folgen des Mikronährstoffmangels

Die sechs Stadien des Mangels an Mikronährstoffen

Stadium 1 und 2: Entleerung der Gewebe- und Knochenspeicher

Warum merken Sie einen Mikronährstoffmangel anfänglich kaum?

Blutuntersuchungen für Mikronährstoffe zeigen sehr oft normale Werte. Das liegt daran, daß eine mangelnde Zufuhr zunächst die Gewebe- und Zellspeicher der Mikronährstoffe entleert.

Drei Beispiele:

- Die weißen Blutkörperchen, die normalerweise den 40fachen Gehalt an Vitamin C speichern, enthalten immer weniger davon. Dadurch verliert das Immunsystem an Schlagkraft. Sie werden infektanfällig. Die Blutuntersuchung mißt den Vitamingehalt aber außerhalb und nicht in den Immunzellen.
- Der Magnesiumgehalt im Blut ist normal, obwohl der Gehalt in den Zellen fällt. Dadurch wird der Stoffwechsel in der Zelle verlangsamt.
- Der Gehalt an Vitamin E im Blut ist normal, obwohl sich weniger von diesem Vitamin in den Zellmembranen befindet. Dadurch werden die Zellmembranen immer mehr durch Freie Radikale geschädigt.
- Der Calciumgehalt im Blut ist normal, obwohl der Verlust an Knochendichte Calciumverluste anzeigt.

Im Stadium 1 und 2 entleeren sich demnach die Gewebe- und Zellspeicher.

Stadium 3 und 4: Mangelsymptome – Verlangsamter Stoffwechsel und Anhäufung von Schädigungen

Was bedeuten Ihre Vitaminblutwerte?

Die Blutspiegel sind normal. Sie befinden sich allerdings meist im unteren Drittel der Norm. Da die Gewebespeicher entleert sind, werden immer mehr Stoffwechselabläufe und die Produktion von Hormonen auf Sparflamme gesetzt. Sie sind vielleicht nicht ganz so leistungsfähig und Ihre Konzentration und Ihr Gedächtnis nehmen ab. Möglicherweise sind Sie anfälliger für Streß und haben Stimmungsschwankungen.

Frauen können unter dem prämenstruellen Syndrom leiden. Die Fettverbrennung funktioniert nicht optimal, und Sie sind anfälliger für Infekte. In den Stadien 3 und 4, die 15 bis 30 Jahre dauern können, werden die Grundlagen für die degenerativen Erkrankungen des Herz-Kreislauf-Systems und des Nervensystems wie die Parkinson-Krankheit, Alzheimer-Krankheit oder Altersdemenz und für Krebs gelegt. Die Körperzellen altern vorzeitig durch Veränderungen am Erbgut und durch Stoffwechselveränderungen, die sich akkumulieren.

Den Mikronährstoffmangel in diesem Stadium erkennt man an geringfügigeren Symptomen, denen zunächst keine Aufmerksamkeit geschenkt wird. Anhaltspunkte für diese Krankheitszeichen finden Sie in den Tabellen am Schluß des Buches.

Erwartungen, die an Mikronährstoffe gestellt werden können

Was können Mikronährstoffe in den Stadien 3 und 4 leisten?

Die Aufgaben von Mikronährstoffe in diesen Stadien sind:

1. die Optimierung des Stoffwechsels zur Leistungssteigerung,
2. die Unterstützung des Immunsystems zur Infektabwehr,
3. die langfristige Sicherung der Gesundheit.

Wie können Sie Ihr Blut mit Mikronährstoffen tunen?

Wenn Sie Ihre Blutwerte erheben lassen, sollte das Ziel sein, sie ins obere Drittel der Normwerte der Durchschnittsbevölkerung zu bringen. Mit Vitaminen, Mineralien und Spurenelementen können Sie die Blutwerte in dieses obere Drittel „tunen“.

Stadium 5: Funktionelle Störungen – Behandlungsbedürftige Symptome

Was können Sie von Mikronährstoffen im Stadium 5 erwarten?

In diesem Stadium kommt es zu behandlungsbedürftigen Symptomen und den typischen Erscheinungen des chronischen Mikronährstoffmangels: depressive Zustände, chronisches Müdigkeitssyndrom, „burn out", Bluthochdruck, hohe Blutfettwerte, hoher Blutzucker, Vorstufen entarteter Zellen.

Erwartungen, die an Mikronährstoffe gestellt werden können

Der auf Mikronährstoffe spezialisierte Mediziner kann durch den gezielten und hochdosierten Einsatz von bestimmten Mikronährstoffen den Stoffwechsel eventuell noch regulieren und enzymatische Reparaturprozesse in Gang setzen.

Häufig ist die Erwartung des Patienten, daß sich jahrzehntelange Versäumnisse schnell ausgleichen und regulieren lassen, aber zu hoch.

Stadium 6: Pathologische Störungen – Nicht umkehrbare Schäden

Was können Sie von Mikronährstoffen im Stadium 6 erwarten?

Die sich im Laufe der Zeit angesammelten Veränderungen am Erbgut, Krebs, Herzinfarkt, Diabetes, Katarakt, Schäden an Organen und entartete Zellen sind nicht mehr umkehrbar.

Erwartungen, die an Mikronährstoffe gestellt werden können

Eine Orthomolekulartherapie, das heißt die Einnahme von hochdosierten Mikronährstoffen, kann hier begleitend zur klassischen Schulmedizin eingesetzt werden. Bei Krebs beispielsweise können Freie Radikale, die bei der Strahlentherapie vermehrt entstehen, abgefangen werden, und bei Herzinfarkt kann das Risiko für einen zweiten Infarkt um 70 % gesenkt werden. Die eigentlichen Schädigungen lassen sich aber kaum rückgängig machen, sondern nur noch verzögern.

Stadien	1–2 Schlechte Versorgung	3–4 Mangel-symptome	5 Funktionelle Störungen	6 Pathologische Störungen
Folgen	↓ Entleerung der Gewebe-speicher	↓ Stoffwechsel ↓ Immunsystem ↑ degenerative Schäden	↑ behandlungs-bedürftige Symptome	↑ nicht umkehr-bare Schäden
↓ gespeicherte Mikronähr-stoffe	Abnahme			
↓ Mikronähr-stoff-Blutspiegel		Abnahme		
↓ Aktivität vitaminabhän-giger Enzyme und Hormone		Abnahme		
↑ Stoffwechsel-störungen ↑ degenerative Schädigungen		Zunahme		

Mikronährstoffblutwerte

Tunen der Blutwerte ist möglich

Unterschiedliche Blutspiegel bei Gesunden und Kranken

Wie unterscheiden sich Gesunde von Kranken in den Vitaminblutspiegeln? Wie entstehen ernährungsbedingte Krankheiten?

Die Vitaminblutwerte von gesunden Personen liegen in der Regel wesentlich höher als die von Erkrankten!!!

Beispielhaft möchte ich Ihnen für die Alzheimer-Krankheit und Augenerkrankungen einmal zeigen, wie sich die Blutvitaminspiegel von Gesunden und Kranken unterscheiden.

Vitamin	Studien, die antioxidative Vitamin-Blutspiegel vergleichen
Augenerkrankungen (Katarakt und Makuladegeneration)	
↓ C	Studienteilnehmer, bei denen ↓ weniger als 0,7 mg Vitamin C im Blut gemessen wurde, hatten ein 👎 11mal höheres Risiko, Katarakte zu entwickeln, als Teilnehmer mit über 1,6 mg[64].
↓ E	Teilnehmer mit ↓ niedrigen Blutspiegeln von 0,8 mg Vitamin E hatten ein 👎 doppelt so großes Risiko, Katarakt zu entwickeln, wie Teilnehmer über 1,3 mg[65].
↓ Beta-Carotin	Teilnehmer, deren Werte unter ↓ 69 µg Beta-Carotin lagen, hatten ein 👎 doppelt so großes Risiko für eine Makuladegeneration, wie Teilnehmer, die über 69 µg Beta-Carotin aufwiesen[66].
Alzheimer-Krankheit[67]	
↓ A	Die durchschnittlichen Vitaminblutspiegel von Alzheimer-Patienten betrugen ↓ 45 µg, die der gesunden Kontrollgruppe 61 µg.
↓ E	Die Vitamin-E-Werte von Alzheimer-Patienten sind mit ↓ 0,8 mg nur halb so hoch wie die der gesunden Kontrollgruppe mit 1,3 mg.
↓ Beta-Carotin	Die Beta-Carotin-Spiegel der Alzheimer-Gruppe betragen ↓ 7–23 µg, die der gesunden Kontrollgruppe 7–82 µg.

Vorsicht bei Normwerten für Mikronährstoffe im Blut

Was müssen Sie bei Blutnormwerten beachten?

Wenn Sie Ihren Mikronährstoff-Blutspiegel bestimmen lassen, sind die Normwerte ein besonderes Kapitel. Die Normwerte variieren von Staat zu Staat, je nachdem wie der Durchschnitt der Bevölkerung mit Mikronährstoffen versorgt ist.

Ein gutes Beispiel ist Selen: Da Deutschland Selenmangelgebiet ist, wird der durchschnittliche Normwerte für die deutsche Bevölkerung mit niedrigen 70 μg/l angegeben. Mit diesem viel zu niedrigen Wert „liegen Sie in der Norm." Die Weltgesundheitsorganisation (WHO) gibt den Durchschnittswert aber mit 200 μg/l an.

Mein Rat: Sie sollten sich immer im oberen Drittel von Normwerten befinden, um auf der sicheren Seite zu sein.

Tunen mit Mikronährstoffen

Welche Normwerte garantieren eine optimale Leistungsfähigkeit?

Bei Leistungssportlern wird es längst gemacht. Die Blutwerte werden in das obere Drittel der Norm angehoben, um optimale Leistungen erbringen zu können. Auch Sie sind ein Hochleistungssportler – Sie brauchen Nerven wie Drahtseile als Lehrer oder in der Familie und müssen täglich Hochleistungen bei der Arbeit am Schreibtisch erbringen. Ihre Leistungsfähigkeit und Ihre Gesundheit sind Ihr Kapital und Konkurrenzvorteil. Durch das Anheben der Werte der Mikronährstoffe im Blut kann der Stoffwechsel optimiert werden. Außerdem wird das Nervenkostüm gefestigt, und Krankheitszeiten können durch die Unterstützung des Immunsystems vermindert werden.

Auf dem Gebiet des „Mikronährstoff Tunings" ist in Deutschland Dr. Strunz ein gefragter Experte. Er betreut nicht nur Leistungssportler, sondern auch Hunderte von Managern, bei denen die Blutwerte genau erhoben werden. Im Blut festgestellte Defizite werden ausgeglichen und die Werte auf das obere Drittel der Norm angehoben.

Da die Normwerte häufig schwammig oder zu niedrig sind, habe ich einige kritische Blutwerte für gesunde Menschen, die Dr. Strunz ausgearbeitet hat, in der Tabelle aufgeführt. Sein Buch „Forever Young" kann ich Ihnen sehr empfehlen.

Mikronährstoffe im Serum	**Empfehlung**
Calcium	> 2,5 mmol/l
Magnesium	> 0,9 mmol/l
Eisen Männer Frauen	1,1–1,5 mg/l 1,0–1,43 mg/l
Selen	150–170 µg/l
Folsäure	25 µg/l
Vitamin E	30 µg/ml

Kranke und Gesunde unterscheiden sich in ihren Blutwerten. Niedrige Blutwerte deuten häufig auf einen niedrigen Mikronährstoffgehalt in der Zelle hin. Sie können Ihre Mikronährstoffblutwerte in das obere Drittel der Norm tunen, um eine optimale Leistungsfähigkeit und Immunfunktionen zu erreichen. Dabei werden sich Ihre Gewebespeicher allmählich auffüllen.

In Kapitel 14 erfahren Sie, wie hoch Sie Mikronährstoffe dosieren können und was dabei zu beachten ist.

Die Verhinderung von Mangelerscheinungen ist zuwenig

Sicher haben Sie auf der Flasche Ihres Orangensaftes schon einmal gelesen: „100 ml dieses Safts decken 60 % Ihres Vitamin-C-Bedarfs nach DGE“.

Der Konsument glaubt an die Zufuhrempfehlungen der Deutschen Gesellschaft für Ernährung, DGE, und denkt, das Beste für sich getan zu haben. Was aber berücksichtigen die DGE-Werte nicht?

- Die **optimale Leistungsfähigkeit** hängt direkt mit einer überdurchschnittlichen Mikronährstoffzufuhr zusammen.
- Ein **schlagkräftiges Immunsystem** ist von der optimalen Versorgung mit Mikronährstoffen abhängig.
- Der **langfristige Schutz** vor Freien Radikalen ist direkt abhängig von der erhöhten Zufuhr mit Antioxidanzien.
- **Lebensgewohnheiten, genetische Voraussetzungen** und **bereits bestehende Erkrankungen** können den Bedarf vervielfachen. Es läßt sich deshalb kein durchschnittlicher Bedarf für alle Bürger errechnen.
- **Entgiftungsmechanismen**, die zur Entsorgung der erhöhten Schadstoffmenge vermehrt aktiv sind, führen zu einem wesentlich erhöhten Bedarf an bestimmten Mikronährstoffen.

Zweck dieses Kapitels ist es, Ihnen als Verbraucher ein Gefühl dafür zu geben, wieviel Mikronährstoffe für Ihre Gesundheitsvorsorge optimal wären und nicht, wie es bei den Zufuhrempfehlungen getan wird, darüber zu spekulieren, wieviel Mikronährstoffe Ihnen in Milligramm genau zustehen.

Bei der Versorgung mit Mikronährstoffen gilt die Kernaussage: Das Problem der Mikronährstoffe ist nicht die Überdosierung von einigen Milligramm, sondern die gesundheitlichen Folgen der Unterdosierung.

Immunsystem und optimale Mikronährstoffzufuhr

Die optimale Deckung des Vitamin-C-Bedarfs für das Immunsystem ist erst erreicht, wenn die Polizisten der Immunabwehr, die Lymphozyten und Leukozyten, gesättigt sind. Zu Infektionszeiten kann sich der Bedarf dieser Immunzellen verzehnfachen. Ohne Probleme können die Leukozyten wesentlich mehr als die von der DGE empfohlenen 75 mg Vitamin C speichern.

Wieviel Vitamin C ist genug für das Immunsystem?

Manchmal wird behauptet, daß bei einer über den DGE-Werten liegenden Vitamin-C-Zufuhr das darüber hinaus aufgenommene Vitamin C zu 100 % ausgeschieden würde („teurer Urin"). Das ist nicht korrekt. Nur ein Teil des Vitamin C wird ausgeschieden. Der Rest wird in den Zellen des Immunsystems und verschiedenen, hoch sensiblen Organen, wie zum Beispiel der Netzhaut Ihrer Augen, gespeichert.

In einer Zusammenfassung[68] aller Studien, die zwischen 1942 und 1982 gemacht wurden, zeigt sich: Die wichtigen Immunzellen füllen sich weiter mit Vitamin C bis zu einer Gabe von 1.000 mg.

Je höher der Vitamin-C-Gehalt des Immunsystems ist, um so schlagkräftiger sind die Abwehrzellen.

Auch das Vitamin C, das ausgeschieden wird, hat eine wichtige Funktion: Es bindet Schadstoffe und diese können dann über den Urin ausgeschieden werden.

Je mehr Vitamin C aufgrund persönlicher Lebensumstände wie Streß, Rauchen oder zur Infektabwehr aufgebraucht wird, desto weniger wird ausgeschieden. Eine Zigarette zum Beispiel braucht 30 mg Vitamin C auf, also fast die Hälfte der empfohlenen Tagesdosis von 75 mg. Die „Spur von Vitamin C" von 75 mg bewahrt Sie vielleicht vor Skorbut, aber nicht vor einer Infektion, die Sie sich in der Straßenbahn zuziehen, wenn viele Menschen erkältet sind.

Eine Vitaminzufuhr von 500 bis 1.000 mg wird in den USA als Sicherheitszufuhr bezeichnet, da sie den verschiedensten komplexen Lebensumständen Rechnung trägt.

Langzeitschutz durch Antioxidanzien

Wieviel Antioxidanzien werden als Langzeitschutz gebraucht?

Bestimmte Organe speichern antioxidative Vitamine, um sich zu schützen. Die von der DGE empfohlenen 75 mg Vitamin C und 20 mg Vitamin E halbieren weder die Krebsrate, noch die Zahl von Herz-Kreislauf-Erkrankungen, noch kann die Häufigkeit von Katarakten um 80 % gesenkt werden.

Um Freie-Radikalerkrankungen vorzubeugen, müssen Sie die Freien Radikale effizient binden.

Freie Radikale sind überall dort zu finden:

- wo Sauerstoff transportiert wird (Lunge, Blutbahn),
- UV-Licht auftrifft (Haut, Auge),
- Schadstoffe der Umwelt entsorgt werden (Leber, Lunge bei Rauchern),
- das Immunsystem aktiv ist (Infektionen, Krebs, Entzündungen, Diabetes).

Die neue Forschung über die Freie-Radikalerkrankungen ist in den DGE-Werten nicht enthalten.

Schäden am Auge durch Antioxidanzienmangel

Makuladegeneration ist vermeidbar

Wieviel Antioxidanzien brauchen Sie für den Schutz Ihrer Augen?

Sie haben sich auf Ihren verdienten Ruhestand gefreut, und gerade dann ereilt 20 % der über 65jährigen und 40 % der über 75jährigen ein Schicksal: Makuladegeneration.

Die Makula, auch gelber Fleck genannt, ist die Stelle des schärfsten Sehens im Auge. Diese Stelle hat die größte Menge an eingelagerten Antioxidanzien im ganzen Körper, um die Netzhaut vor den Schäden der Freien Radikale zu schützen.

Menschen mit Makuladegeneration können diesen Text leider schon nicht mehr lesen, da sie einen Verlust ihrer zentralen Sehschärfe haben. Autofahren, lesen, schreiben und fernsehen wird unmöglich. Das führt zu einem erheblichen Verlust an Lebensqualität.

2 Millionen Menschen in Deutschland leiden an den Folgen einer Makuladegeneration. Der Verlust der Sehkraft gehört zu den schmerzlichsten Erfahrungen im Alter.

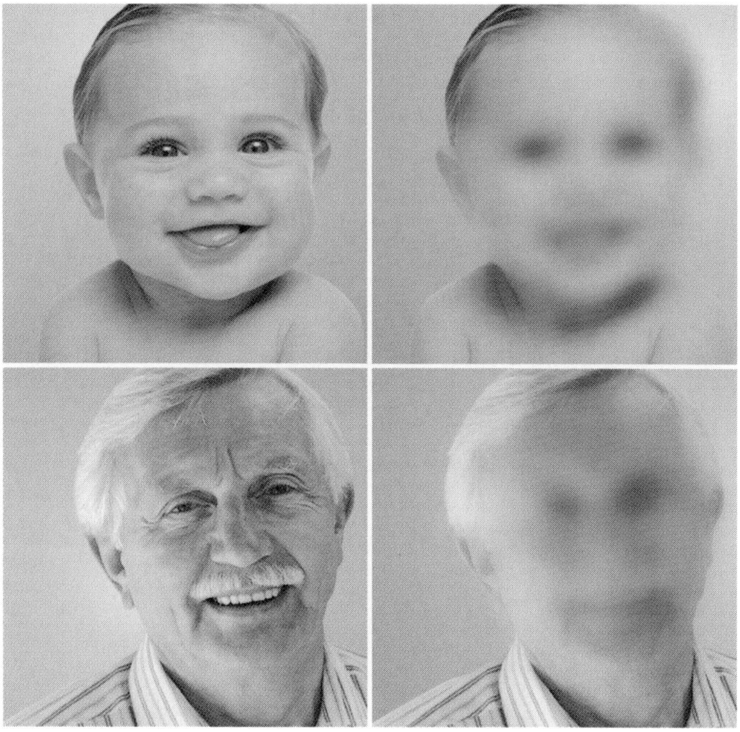

Abb. 6: Verlust der Lebensqualität: Makuladegeneration – unscharfes Sehen im zentralen Sehfeld.

Die Schäden an der Makula lassen sich mit Antioxidanzien um circa 40 % senken. Bei niedrigen Vitamin-E-Werten steigt das Risiko für eine Makuladegeneration um das 1,8- bis 2,3fache. Vitamin C kann das Auftreten dieser Erkrankung um bis zu 40 % senken. Selbst bei einer Gabe von bis zu 2.000 mg Vitamin C sind noch Steigerungen bei der Einlagerung dieses Vitamins in die Makula festzustellen.

Wer sich auf die niedrigen DGE-Werte von 75 mg verlässt, schöpft nicht die vollen Möglichkeiten aus, eine Makula-Degeneration zu verhindern.

Die wichtigsten Mikronährstoffe für das Auge sind die Vitamine A, C und E, Beta-Carotin, Selen, Zink, Lutein und Zeaxanthin. Die beiden letzteren sind Substanzen, die in Blattgemüse vorkommen.

Verringerung der Makuladegeneration durch Vitamin C			
Ergebnis: Verringerung um	**Ergänzung**	**Teilnehmer**	**Studie**
↓ 45 %	Vitamin C	226	West (1994)
↓ 40 %	Vitamin C	390	Eye disease group (1993)
↓ 35 %	Vitamin C	876	Seddon (1994)
Nach Dietl: Die Bedeutung von Mikronährstoffen. Forum Medizin Verlag, 1999.			

Katarakt – Grauer Star ist vermeidbar

In den USA gibt es 600.000 Katarakt-Operationen pro Jahr. 40.000 Menschen sind durch den Altersstar erblindet.

Um das Auge vor Schäden durch UV-Strahlen zu schützen, ist in der Netzhaut des Auges 30mal soviel Vitamin C gespeichert wie im angrenzenden Gewebe. Die Häufigkeit des Katarakts ist um 80 % niedriger, wenn hohe Mengen an den Vitaminen C und E und Beta-Carotin im Blut zu finden sind.[69] Katarakt-Patienten haben oft nur 15 % des Selengehalts im Auge[70] und im Blut wie gesunde Menschen. Ein Hinauszögern der Kataraktentstehung kann die Hälfte der Star-Operationen vermeiden und die Lebensqualität von älteren Menschen erheblich verbessern[71].

Wieviel Vitamin C ist genug zur Verringerung des Auftretens von Katarakten?

Verringerung des Auftretens von Katarakten durch Antioxidanzien			
Ergebnis: Verringerung um	**Ergänzung**	**Teilnehmer**	**Studie**
↓ 50 %	Vitamin C 300–600mg	350	Robertson et al. (1989)
↓ 40 %	Vitamin C	1.380	Leske et al. (1991)
↓ 45 %	Vitamin C 200mg	50.800	Hankinson et al. (1992)
↓ 44 %	Multitvitamine + Vitamin C	3.590	Sperduto et al. (1993)
↓ 40 %	Multivitamine + Vitamin C	2.151	Mares Perlmann (1994)
↓ 30 %	Multivitamine + Vitamin C	17.744	Seddon (1994)
↓ 30 %	Multivitamine + Vitamin C	4.300	Leske (1997)
↓ 80 % über 10 Jahre	Vitamin C	247	Jaques et al. (1997)
Nach Dietl: Die Bedeutung von Mikronährstoffen. Forum Medizin Verlag, 1999.			

Wieviel Ihnen Ihr Augenlicht im Alter wert ist, müssen Sie selber entscheiden. Die Einlagerung von Antioxidanzien läßt sich unproblematisch durch eine regelmäßige Einnahme von Vitaminen und Mineralien erreichen.

Wieviel Antioxidanzien sind zur Vorbeugung bei Herz-Kreislauf-Erkrankungen nötig?

Herz-Kreislauf-Erkrankungen und Antioxidanzien

Vitamin E

Die Fette im Blut können besonders leicht von Freien Radikalen oxidiert werden. Dies läßt sich durch Antioxidanzien verhindern. Die Ergebnisse hierzu kennen Sie bereits.

Aber wieviel Vitamin E wird tatsächlich gebraucht? Das Institut für Ernährungsforschung in Potsdam hat 1995 zum ersten Mal ein Abbauprodukt des Vitamin E im Urin gefunden.[72] Das Abbauprodukt erscheint ab der täglichen Aufnahme von circa 100 mg Vitamin E, also der 5fachen Dosierung der DGE-Empfehlung von 12 mg. Ab 100 mg wird also ein Teil des Vitamin E ausgeschieden.

Je nach den Lebensumständen wird Vitamin E direkt verbraucht. So erhöht beispielsweise das Rauchen den Verbrauch. Ein weiterer Teil wird zum Schutz in die Zellmembranen eingelagert.

Bei Vitamin E liegen die Werte für eine optimale Schutzfunktion um das 5fache über den DGE-Werten. Ein Wert von 100 mg Vitamin E ist mit der Ernährung nicht zu erreichen.

Selen

Wieviel Selen ist zur Vorbeugung vor Herz-Kreislauf-Erkrankungen nötig?

Bestimmte Weltregionen haben durch die Eiszeit extrem selenarme Böden. Vielleicht verwundert es Sie im ersten Moment, aber die Selenaufnahme in verschiedenen Ländern steht in einem direkten Zusammenhang mit der Zahl der Herz-Kreislauf-Erkrankungen.[73] Je geringer die Selenaufnahme, desto mehr Todesfälle durch Herz-Kreislauf-Erkrankungen gibt es. Schauen Sie ruhig einmal in die Tabelle rein. Das sind Sekunden, die Jahre bedeuten können.

Beziehung zwischen Selenaufnahme und Tod durch Herz-Kreislauf-Erkrankungen (Männer 55–64 Jahre)

Land	Selenaufnahme pro Tag	Todesfälle durch Herz-Kreislauf-Erkrankungen pro 100.000 Einwohner
Finnland	25 µg	💣1.009
USA	61 µg	☹870
Kanada	62 µg	☹722
Norwegen	82 µg	☹602
Griechenland	92 µg	☺236
Jugoslawien	99 µg	☺232

Eine zusätzliche Gabe von 150 µg Selen könnte das Herzinfarktrisiko bei Männern deutlich senken.[74] In den USA wird Selen deshalb Düngemitteln beigemischt, um über angereichertes Getreide den Selenmangel der Bevölkerung zu beheben!

Deutschland ist Selenmangelgebiet. 40 bis 60 µg werden zur Zeit aufgenommen. 150 bis 200 µg wären die optimale Zufuhr.

Wie kann man Cholesterin effizient mit Vitamin B_3 senken?

Cholesterin senken mit Vitamin B_3

Viele Gesunde haben schon in jungen Jahren zu hohe Blutfettwerte. Obwohl auch hohe Blutfette langfristig einen Risikofaktor darstellen, möchten viele Menschen sie aber nicht mit Medikamenten senken. Eine Alternative für die Senkung der Blutfettwerte stellt Vitamin B_3 (Nicotinsäure) dar.

Studien mit Vitamin B_3 an 8.341 Patienten zeigen, daß dieses Vitamin als einzige Substanz Triglyceride um 52 % und auch Cholesterin um 22 % senkte. Auch LpA, ein weiterer unabhängiger Faktor bei der Entstehung von Herz-Kreislauf-Erkrankungen, konnte verringert werden.[75] Die Langzeitauswertung der Studie nach 15 Jahren ergab eine um 11 % verringerte Sterblichkeit bei Vitamin B_3 gegenüber der Behandlung mit anderen Blutfettsenkern.[76]

Das staatliche National Institute of Health (NIH) in den USA hat im nationalen „Cholesterol Lowering Programm 1997" Vitamin B_3 als eine von drei effektiven Methoden genannt, Blutfette zu senken.[77] Das NIH könnte sich für die Todesursache Nr. 1 in den USA keine fehlerhafte Therapie leisten.

Interessant ist eine Analyse, welche Studien zur Cholesterinsenkung am häufigsten zitiert werden: Cholesterinsenker mit einem Patent werden in der Literatur 8mal so häufig zitiert wie Vitamin B_3 ohne Patent.[78] Patente bedeuten immer Geld für die Pharmafirmen.

Das Vitamin-B_3-Präparat, das in Deutschland verschrieben werden kann, heißt Nicolip. Hier ist Vitamin B_3 an ein anderes B-Vitamin gebunden und dadurch kommt es nicht zu Hautrötungen wie bei der hochdosierten Gabe von ungebundenem Vitamin B_3.

Krebs und Antioxidanzien

Wieviel Antioxidanzien sind zur Risikominderung bei Krebs notwendig?

Mit Selen, das für die körpereigenen antioxidativen Enzyme gebraucht wird, wurden größere Studien durchgeführt.

Eine Studie an 12.000 Finnen zeigt: Das relative Risiko, an Krebs zu sterben, war bei den Teilnehmern mit niedrigen Selenblutwerten (unter 47 µg) um das 6fache höher als bei den Studienteilnehmern mit den höchsten Selenwerten. Bei der Gruppe, die sowohl hohe Vitamin-E- als auch hohe Selenwerte hatte, war das Risiko, an Krebs zu sterben, 11mal geringer!![79]

Sie kennen bereits die Tabellen zu Krebs und antioxidativen Vitaminen (s. S. 34). Die über 15 Jahre durchgeführte Baseler Krebsstudie, an der 2.974 Männer teilnahmen, zeigte, daß diejenigen mit den höchsten Beta-Carotin- und Vitamin-C-Werten im Blut das geringste Risiko hatten, an Krebs zu sterben.[80]

Das Nationale Krebsinstitut in den USA (NCI) empfiehlt ein Minimum von 225 mg Vitamin C, wenn keine besonderen Streßsituationen vorliegen. Das ist das 3fache der DGE-Empfehlung.[81]

Lebenserwartung und Antioxidanzien

Warum erhöhen Antioxidanzien die Lebenserwartung?

Eine niedrige Krebsrate und Herzinfarkthäufigkeit übersetzt sich natürlich in eine verlängerte Lebenserwartung. So konnte in einer 1992 ausgewerteten Studie mit 11.348 Amerikanern gezeigt werden, daß diejenigen, die 800 mg Vitamin C pro Tag als Ergänzung zu sich nahmen, gegenüber denen, die nur 50 mg zuführten, eine um 35 % reduzierte Sterblichkeitsrate im Vergleichszeitraum und eine um fünf Jahre verlängerte Lebenserwartung hatten!!![82]

Eigentlich erstaunen diese Ergebnisse nicht. Die Evolution hat das antioxidative Schutzsystem selektiert, damit es die im Stoffwechsel und durch das Immunsystem entstehenden Freien Radikale neutralisiert. Werden die antioxidativen Vitamine nicht in ausreichender Menge zugeführt, degenerieren die Zellen und die Erbmasse wesentlich früher. Der vorgezogene Alterungsprozeß zeigt sich in einer kürzeren Lebenserwartung.

Erhöhter Bedarf an Mikronährstoffen

Lebensweise, Krankheiten, Schadstoffbelastung

Wie sich Lebensweise, Umweltbelastung und Krankheit auf Ihren Nährstoffbedarf auswirkt und wer einen erhöhten Bedarf hat.

Eigentlich wissen Sie es längst: Sie sind Individualist mit einer ganz eigenen Lebensform und eigenen gesundheitlichen Problemen.

Erstaunlicherweise werden aber viele zum Durchschnittsbürger bei der Vitaminzufuhr. Für die Individualisten enthält die Tabelle deshalb eine Zusammenstellung der Risikogruppen, die durch die Lebensweise oder Grunderkrankungen einen erhöhten Bedarf haben. Für einige dieser Gruppen werde ich zeigen, warum der Bedarf sich vervielfacht.

Risikogruppen mit einem erhöhten Bedarf an Mikronährstoffen			
ohne bestehende Grunderkrankung	**Risikofaktor**	**Menschen mit bestehender Grunderkrankung**	**Risikofaktor**
Akute Infektionen	++++	Infarkt/Schlaganfall	++++
Raucher	++++	Hohe Blutfettwerte	++++
Alkoholkonsumenten	++++	Diabetiker	++++
Stark Gestreßte	++	Bluthochdruck	++
Freizeitsportler	++	Rheumatiker	++
Sonnenanbeter	++	Augenerkrankungen	
Diäthaltende	++	(Katarakt, Makuladegenerationen)	++++
Strenge Vegetarier	+	Vorstufen von Krebs/Tumor	++++
Umweltbelastete	++	Hoher Arzneimittelverbrauch	++
Amalgamblombenträger	+++	Asthmatiker	+++
Ältere Menschen	+++	Allergiker	+++
Jugendliche	++		
Schwangere	++++		
Frauen bei Pilleneinnahme	+++		

Auch die DGE benennt Risikogruppen, die einen erhöhten Mikronährstoffbedarf haben. Bei genauerer Betrachtung fällt auf, daß sich 80% der deutschen Bevölkerung als „Risikogruppe“ bezeichnen darf. Sie werden sich sicher in mehreren dieser Gruppen wiederfinden.

Risikogruppen mit erhöhtem Mikronährstoffbedarf

Raucher

Warum brauchen Raucher mehr Antioxidanzien?

Jeder Zug an einer Zigarette enthält ungefähr 10^{15} (10 mit 15 Nullen) Freie Radikale.[83] Diese Freien Radikale lösen Kettenreaktionen weiterer Freier Radikale aus, wenn sie nicht durch Antioxidanzien neutralisiert werden. Eine Zigarette kann bis zu 30 mg Vitamin C verbrauchen. Ein Großteil des verfügbaren Vitamin C wird zur Lunge mobilisiert, wo die Schadstoffe ankommen, und dort direkt verbraucht. Der Vitamin-C-Gehalt kann so im Blut und in den Leukozyten des Immunsystems um 40% sinken. Die Folge ist ein schlechter funktionierendes Immunsystem:

- Die oberen Luftwege von Rauchern sind anfällig, da Bakterien und Viren zu langsam zerstört werden.
- Der Überschuß an Freien Radikalen führt zu entarteten Zellen in den Luftwegen, die vom Immunsystem nicht eliminiert werden.
- Der durch den erhöhten Verbrauch entstehende Antioxidanzienmangel in der Blutbahn führt dazu, daß Cholesterin durch Freie Radikale oxidiert („ranzig“) wird und an den Arterienwänden festklebt. Das führt zu einem 8mal höheren Risiko für Herz-Kreislauf-Erkrankungen bei Rauchern.

Die Passivraucher atmen die schadstoffhaltigen Moleküle in der rauchverpesteten Luft ein. Dadurch wird Vitamin C, wie neuere Studien zeigen, ebenfalls in größeren Mengen aufgebraucht.[84] Damit läßt sich auch die höhere Krebsrate von Passivrauchern erklären.

Auch der Bedarf an Spurenelementen wie Zink und Selen zur Entsorgung verschiedener Schwermetalle und anderer Gifte aus dem Zigarettenrauch ist bei Rauchern erhöht und sollte gedeckt werden.

Warum sind Alkoholkonsumenten stark Herzinfarkt-gefährdet?

So haben Raucher doppelt so hohe Cadmiumwerte wie Nichtraucher. Bei einer ausreichenden Zinkversorgung wird Cadmium nicht im Körper gespeichert.

Alkoholkonsumenten

In Abb. 7 können Sie anhand der Blutwerte sehen, wie stark Alkohol Beta-Carotin verbraucht.

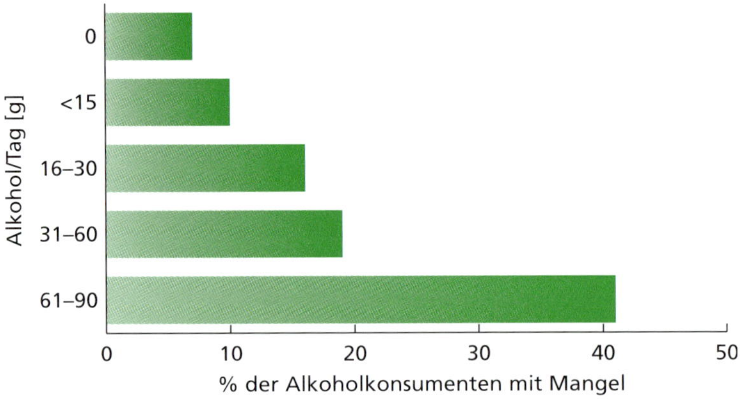

Abb. 7: Niedrige Beta-Carotin-Werte im Blut in Abhängigkeit vom Alkoholkonsum.

Um Alkohol abzubauen, werden Mikronährstoffe verbraucht. Dadurch steigt Ihr persönlicher Bedarf erheblich. Vitamin B_1 wird für den biochemischen Abbau von Alkohol benötigt. Die Folgekosten des Vitamin-B_1-Mangels, der zu verschiedenen Gehirnerkrankungen führt, werden auf 70 Millionen Dollar geschätzt. Wissenschaftler der San Diego Universität schlugen deshalb vor, Alkoholika mit Vitamin B_1 anzureichern, um den erhöhten Verbrauch auszugleichen. Die hochgerechnete Kosteneinsparung des Vitamin-B_1-Zusatzes: 53 Millionen Dollar für das Gesundheitssystem.[85]

50 bis 70 % der Konsumenten, die regelmäßig Alkohol trinken, weisen einen Mangel an Vitamin B_9 (Folsäure) auf, das bei 40 % der Betroffenen zu Blutarmut führt.[86] Folsäuremangel verdreifacht vor allem das Risiko für Herz-Kreislauf-Erkrankungen. Deshalb sind Alkoholiker auch derart stark Herzinfarkt-gefährdet.

Alkohol zerstört außerdem die Vitamin-A-Reserven der Leber[87] und vermindert den Gehalt an Vitamin B_6 in der Leber.

Frauen bei Einnahme der Antibabypille

Warum entsteht durch die Einnahme der Pille ein Mikronährstoffmangel?

Die Pille vermindert die Aufnahme von folgenden Vitaminen: B_1, B_2, B_6, B_9, B_{12} und E.[88] Auch die Resorption von Zink und Magnesium wird behindert[89]. Östrogene stören vor allem die Eigenproduktion der wichtigen Folsäure. Da das Auffüllen der Folsäurespeicher einige Monate dauert, kommt es wegen Folsäuremangels oft zu Fehlbildungen bei Schwangerschaften.

Die Weltgesundheitsorganisation empfiehlt Frauen, die mit der Pille verhüten, dringend, zusätzlich Folsäure einzunehmen. In den USA ist es ein ärztlicher Kunstfehler, wenn mit der Pille nicht auch gleichzeitig Folsäure verschrieben wird.

Frauen ab den Wechseljahren

Wie senken Frauen das Risiko für Knochenbrüche?

Durch die Veränderungen des Hormonhaushalts in den Wechseljahren sind Frauen besonders häufig von der Abnahme der Knochendichte (Osteoporose) betroffen. Auch Knochenverformungen an den Beinen und an Rücken sind eine häufige Folge der Knochenveränderungen im dritten Lebensabschnitt. Sechs Millionen Bundesbürger – zu 80 % Frauen – sind davon betroffen. Über 500.000 Knochenbrüche gehören zu den häufigsten Gründen für lange Krankenhausaufenthalte und Pflegebedarf. Besonders die schwerwiegenden und unnötigen Oberschenkelhals- und Beckenbrüche sind hier zu nennen.

Ab den Wechseljahren kommt es zu einer massiven Abnahme von Mineralstoffen in den Knochen (Demineralisierung). Oft werden bis zu 40 % der Knochensubstanz abgebaut. Der Grund ist ein Calcium-, Magnesium- und Vitamin-D-Mangel. Auch der Verzehr von phosphorhaltigen Sodagetränken und Wurstwaren wird für die Entmineralisierung der Knochen mitverantwortlich gemacht, denn Phosphor verstärkt die Calciumausscheidung aus dem Körper. Fällt der Calciumspiegel im Blut, wird das Mineral aus den Knochen abgebaut, um den Blutcalciumspiegel konstant zu halten.

Viele Studien zeigen, daß die zusätzliche Einnahme von Calciumcitrat und Vitamin D die Demineralisierung der Knochen aufhalten kann.[90, 91] Zusätzliche Spurenelemente und Vitamin K fördern den Knochenaufbau. Am besten wirken Kombinationspräparate, die alle Mikronährstoffe für den Knochenstoffwechsel enthalten.

Sonnenanbeter

Eine vermehrte UV-Bestrahlung über einen längeren Zeitraum führt zu einer erhöhten Belastung der Haut durch Freie Radikale und dadurch zu einem deutlichen Abfall des Radikalenfängers Beta-Carotin im Blut, das aufgebraucht wird.[92] Der Abfall der Beta-Carotinwerte läuft dabei parallel zu der Länge der Sonnenbestrahlung.

Bei häufigem Sonnenbaden und im Urlaub sollte daher zum Schutz der Haut Beta-Carotin zugeführt werden.

Das dritte Lebensalter

Ältere Menschen nehmen weniger Vitamine auf. Ursachen hierfür sind eine verringerte Nahrungsaufnahme und die mangelhafte Aufspaltung der Nahrung durch die verminderte Produktion von Verdauungsenzymen. Auch Nahrungsbestandteile im Darm werden schlechter absorbiert.

Die Vitamin-B_{12}-Aufnahme fällt zum Beispiel mit dem Alter ab.[93] Häufige Depressionen[94, 95] und eine verminderte geistige Leistungsfähigkeit sind eng an die Verfügbarkeit von Vitamin B_{12} und Folsäure gekoppelt. Sie fühlen sich immer nur so gut, wie Ihr Stoffwechsel funktioniert.

Wie unterscheiden sich die Vitaminblutwerte bei gesunden und kranken Senioren?

Drittes Lebensalter und Immunsystem

Die Bethanienstudie zeigt, wie stark sich ein Vitaminmangel auf die Gesundheit auswirkt. Hier wurde der Vitaminstatus von 50 gesunden 75jährigen Frauen (graue Säulen) mit dem von 300 kranken Seniorinnen (schwarze Säulen) verglichen (s. Abb. 8). Das Ergebnis: Vitaminmangel und eine verminderte Schlagkraft des Immunsystems (Krankheit) sind gekoppelt.

Auf Seite 40 habe ich bereits ausgeführt, wie sehr zusätzlich zugeführte Vitamine die Immunkompetenz bei älteren Menschen verbessern und dadurch die Infektionshäufigkeit verringern.

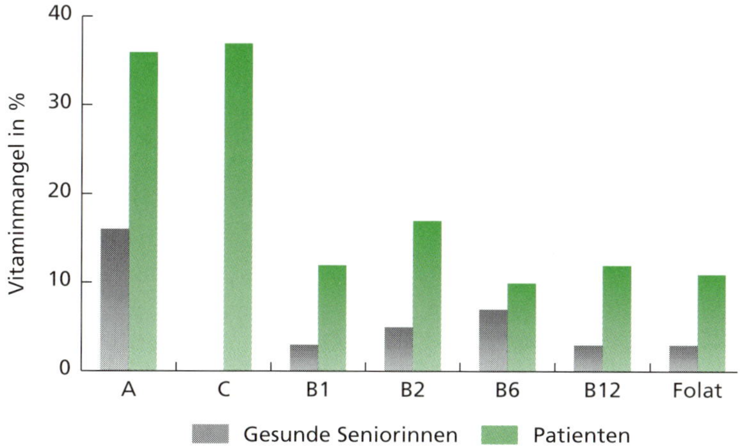

Abb. 8: Unterschiedliche Vitaminblutwerte bei gesunden und kranken Senioren.

Drittes Lebensalter und geistige Leistungsfähigkeit

Wie erhöhen Sie Ihre geistige Leistungsfähigkeit im Alter?

Die Bethanienstudie und andere Untersuchungen[96] zeigen auch, wie sehr die geistige Leistungsfähigkeit von einer optimalen Mikronährstoffversorgung abhängt. Eine verringerte geistige Leistungsfähigkeit ist wesentlich häufiger bei Vitaminmangel (gestreifte Säulen, s. Abb. 9) festzustellen. Statt sich über eine langsamere geistige Aufnahmefähigkeit zu ärgern, sollten Sie lieber öfter Mikronährstoffe der B-Vitamin-Gruppe „nachtanken".

Ältere Menschen werden nicht selten als psychisch auffällig, depressiv oder angeblich senil unnötigerweise in Heime eingewiesen. Oft beruht die schlechte psychische Verfassung auf einem Mikronährstoffmangel und kann durch die gezielte zusätzliche Einnahmen von Mikronährstoffen behoben werden. Statt dessen werden viel zu schnell Psychopharmaka eingesetzt, die zusätzlich Mikronährstoffe blockieren und die eigentliche Ursache nicht beheben. Vor allem die Studien zu Vitamin B_9, Vitamin B_{12} und Cholin (früher Vitamin B_7) mit psychiatrischen Patienten sind bemerkenswert.

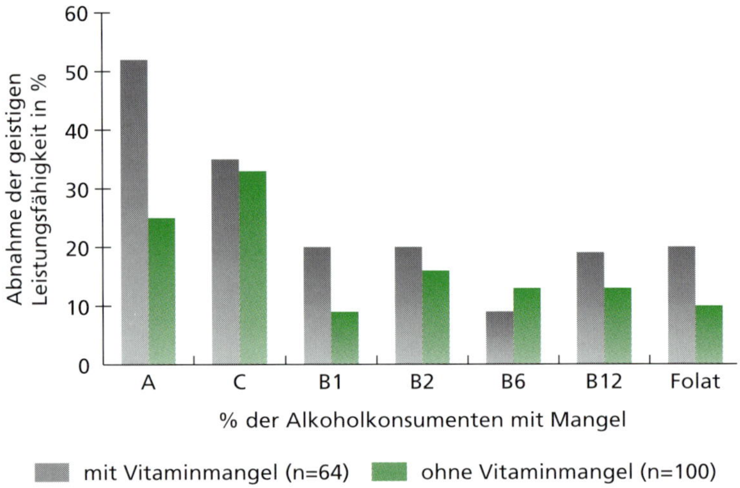

Abb. 9: Häufigeres Auftreten der Abnahme geistiger Leistungsfähigkeit bei Senioren mit Vitaminmangel (graue Säulen).

Drittes Lebensalter und Alterungsprozeß

Mit zusätzlichen Mikronährstoffen können Sie den Alterungsprozeß enorm verlangsamen:

- Durch die Verminderung des Radikalen-Stresses auf die Zellen und die Erbsubstanz altern die Zellen insgesamt langsamer (s. S. 20).
- Ernährungsbedingte Erkrankungen werden hinausgezögert.

Die erhöhte Zufuhr an Mikronährstoffen, die Sie zur optimalen Leistungsfähigkeit brauchen, trägt dazu bei, daß Sie auch im fortgeschrittenen Alter Ihre Selbständigkeit und Lebensqualität erhalten.

Freizeitsportler

Warum entstehen beim Sport Freie Radikale?

Ausdauersport führt zu einem 30fach erhöhten Sauerstoffumsatz. Überall dort, wo Sauerstoff verbraucht, verbrannt oder transportiert wird, entstehen Freie Radikale. Wenn diese nicht ausreichend durch antioxidative Vitamine gebunden werden, können Muskelzellen und

Zellmembranen geschädigt werden. Diese vorübergehenden Strukturschäden an den Zellmembranen und an der Erbmasse in den Zellen wurden in verschiedenen Testverfahren nachgewiesen.[97] Die Schäden werden vom Körper meist innerhalb weniger Tage repariert.

Da antioxidative Vitamine die Schäden durch Freie Radikale erheblich vermindern können,[98] verkürzt sich dadurch die Regenerationsphase nach dem Sport erheblich.

Auf Diät

Durch die geringere Zufuhr von Kalorien werden natürlich auch insgesamt weniger Mikronährstoffe zugeführt. Dieser Mikronährstoffmangel schwächt das Immunsystem und verringert die Leistungsfähigkeit.

Warum bekommen Sie weniger Mikronährstoffe, wenn Sie Diät halten?

Zusätzlich tritt bei Frauen, die an einem Folsäuremangel leiden, bei einer Schwangerschaft eine höhere Rate von Fehlbildungen des Kindes auf. Frauen auf Diät haben außerdem häufiger ein prämenstruelles Syndrom (PMS), das mit Magnesium und Vitamin B_6 deutlich verbessert werden kann.

Genetische Faktoren – Ihre biochemische Individualität

Was hat Ihr Genmaterial mit dem Vitaminbedarf zu tun?

Je nach Ihren genetischen Anlagen variiert der Mikronährstoffbedarf enorm. Man nennt dies auch „biochemische Individualität“, weil der Stoffwechsel verschiedener Menschen sich ganz erheblich unterscheidet. Zwei Beispiele:

- Schon 1967 wurde im Tierversuch genau nachgewiesen, daß der zur Verhinderung von Skorbut nötige Vitamin-C-Bedarf um das 8fache schwanken kann![99] Auf den Menschen bezogen bedeutet das: der Vitamin-C-Bedarf kann aus rein genetischen Gründen – je nach individuellem Stoffwechsel – zwischen 75 mg und 400 mg betragen.
- Bestimmte genetische Defekte sorgen dafür, daß ein erheblich höherer Bedarf an bestimmten Mikronährstoffen entsteht. Zum Beispiel haben 18 % der französischen Bevölkerung einen bestimmten genetischen Schaden (HLA-B35-Defekt)[100], der dafür

sorgt, daß Magnesium schlechter in der Zelle gehalten werden kann. Magnesium spielt bei Hunderten von Stoffwechselprozessen eine entscheidende Rolle.

Staatliche Zufuhrempfehlungen berücksichtigen keine individuellen genetischen Unterschiede.

Medikamenteneinnahme

Wie erhöhen Medikamente Ihren Mikronährstoffbedarf?

Manche Medikamente brauchen Mikronährstoffe auf, um abgebaut und verstoffwechselt zu werden. Außerdem können sie Mikronährstoffe blockieren oder ausschwemmen. So verzehnfacht Aspirin zum Beispiel die Ausschwemmung von Vitamin C aus dem Körper und behindert den Vitamin-C-Transport. Magensäurepuffer und bestimmte Antibiotika blockieren die Gruppe der wasserlöslichen B-Vitamine.

Medikamente, welche die Ausscheidung oder den Transport von Mikronährstoffen verändern

Medikament/Genußmittel	Vitamin/Mineral
Alkohol, Antibiotika, Magensäurepuffer	B_2
Alkohol, Magensäurepuffer, Kortikoide, Penicillin	B_6
Alkohol, Nikotin, Antibabypille, Medikamente zur Malariaprophylaxe, Antibiotika, Magensäurepuffer, Barbiturate	B_9
Antibiotika (durch die Zerstörung der Darmflora, die B_{12} bildet), Magenpuffer, Antihistaminika, Antidiabetika, Aspirin, Antibabypille	B_{12}
Nikotin, hohe Mengen Koffein, Aspirin, Antibiotika, Antibabypille	C
Magensäurepuffer, Aspirin	A
Antibiotika, Alkohol, Tetracyclin, Diuretika, Neuroleptika	Magnesium

Amalgamträger

Amalgam ist in aller Munde. 90 Millionen Amalgamfüllungen wurden 1989 gelegt. Amalgamblombenträger sind hoch mit dem toxischen Schwermetall Quecksilber belastet. Die 1996 veröffentlichte Studie der Universität Tübingen belegt, daß 30 % aller Bundesbürger höhere Quecksilberkonzentrationen im Speichel haben als die Grenzwerte der WHO.

Wie testen Sie die Quecksilberabgabe Ihrer Amalgam-Sondermülldeponie im Mund?

Eine Person mit acht Amalgamfüllungen nimmt circa 10 mg Quecksilber pro Tag auf. Das Quecksilber wird in die Niere und das Gehirn eingelagert und sammelt sich auch im Zahnfleisch an. Die Quecksilberkonzentration steigt an mit der Größe der Füllungsfläche, der Anzahl der Plomben, dem Alter der Füllungen und dem Alter der Betroffenen. Denn Quecksilber braucht circa 18 Jahre, um aus dem Körper entsorgt zu werden. Je älter die Füllungen sind, um so mehr Quecksilber wird freigesetzt.

Mit einem Kaugummitest kann man feststellen, wieviel Quecksilber aus Ihren Amalgamplomben entweicht. Die Adressen der Labore, die Quecksilber-Kaugummi-Messungen durchführen, finden Sie im Anhang.

Als Amalgam-Sondermüllträger sollten Sie eventuell längeres Kaugummikauen vermeiden.

Welche langfristigen Folgen haben Amalgamplomben?

Quecksilber hat verschiedene negative Folgen:

- **Immunsystem**: Da sich Selen an Schwermetalle bindet und diese neutralisiert, braucht Quecksilber die zur Entgiftung wichtigen Selenreserven auf. Amalgamträger haben daher einen erhöhten Selenbedarf. Bei Selenmangel können Schwermetalle nicht mehr aus dem Körper transportiert werden. Außerdem leidet das Immunsystem unter einem Selenmangel. Bei Quecksilberbelastung fällt daher die Zahl der natürlichen Killerzellen, und die Schlagkraft der B- und T-Lymphozyten ist vermindert.[101]
- **Fruchtbarkeit**: Quecksilber reichert sich in der Plazenta an. Frauen mit hoher Quecksilberbelastung haben häufig Zyklus- und Hormonstörungen.[102] Quecksilber konkurriert mit Zink im Körper. Zum Beispiel wird Zink dort, wo es in Enzyme eingebaut werden sollte, durch Quecksilber blockiert. Zink ist außerdem wichtig für die Synthese verschiedener Hormone und beim Mann beispielsweise für die Reifung und die Beweglichkeit der Spermien.[103] Niedrige Zinkwerte im Blut werden direkt mit niedrigen Spermienzahlen und niedrigem Testosteronspiegel in Verbindung gebracht. Verschiedene Studien zeigen, daß eine zusätzliche Ein-

nahme von Zink zur Erhöhung der Spermienzahlen, Verbesserung der Testosteronproduktion und zu einer doppelt so hohen Schwangerschaftsrate bei langjährigem unerfülltem Kinderwunsch führt.[104] Der durch Quecksilber hervorgerufene Zinkmangel ist häufig für den unerfüllten Kinderwunsch verantwortlich, unter dem heute 15 % der jungen Paare leiden.

- **Neurodegenerative Erkrankungen:** Menschen, die unter Alzheimer-Krankheit, multipler Sklerose und Parkinson-Krankheit leiden, haben häufig zu niedrige Selenwerte und zu hohe Quecksilberwerte im Gehirn. Bei Selenmangel sammelt sich Quecksilber dort an.[105, 106, 107]

Erhöhter Mikronährstoffbedarf durch Amalgam

Wenn Sie Amalgamplomben haben, brauchen Sie mehr Mikronährstoffe, denn Quecksilber produziert Freie Radikale. Dadurch entsteht ein erhöhter Bedarf an Vitamin C, Vitamin E und Beta-Carotin. Außerdem besteht ein erheblich erhöhter Zink- und Selenbedarf.

Bis zur endgültigen Entsorgung Ihres zahntechnischen „Sondermülls" sollten Sie auf jeden Fall die Quecksilberbindung und Entsorgung mit 200 µg Selen ermöglichen.

Warum sollten Sie unbedingt Spurenelemente bei der Sondermüllentfernung einsetzen?

Amalgam-Entfernung

Bei der Amalgamentfernung gelangt besonders viel Quecksilber in den Körper und wird dort für 15 bis 20 Jahre deponiert. Dies ist auch der Grund für die erhöhte Krebsrate bei Zahnärzten, die quecksilberhaltige Dämpfe über Jahre eingeatmet haben. Auf keinen Fall sollten Sie sich Amalgamfüllungen während der Schwangerschaft entfernen lassen!

Die Quecksilberbelastung kann durch Selen und DMPS, einer Substanz, die Quecksilber bindet, vermindert werden. Das Quecksilber kann so über die Niere ausgeschieden werden und reichert sich nicht im Körper an.

Lassen Sie sich nur von einem Experten unter dem Einsatz von schwermetallbindenden Spurenelementen Ihre Füllungen entfernen. Zur Ausleitung von Schwermetallen bei der Sanierung und Entsorgung der Plomben empfiehlt es sich, eine Woche vorher und bis zu zwei Wochen nach dem Zahnarzttermin 400 µg Selen, 40 mg Zink und 1.500 mg Vitamin C täglich einzunehmen. Vitamin C aktiviert die Ausscheidung von Quecksilber. Fragen Sie Ihren Apotheker nach speziellen Produkten. Zwei Wochen nach der Entfernung sollten Sie die Dosierung der Spurenelemente wieder verringern: Selen nicht höher als 200 µg und Zink 15 mg.

Schadstoffbelastung

Schadstoffbelastung der Umwelt

Warum werden immer mehr Schadstoffe im Körper gespeichert?

In den letzten 20 Jahren hat sich die Zahl der chemischen Verbindungen in der Umwelt von 2 auf 7 Millionen erhöht! Die Schadstoffbelastung von Boden, Wasser und Luft steigt. Damit steigt auch die Speicherung von Schadstoffen in Gehirn und Fettgewebe, in denen chemische Verbindungen bis zu 20 Jahren deponiert werden können.

Viele Krankheiten wie Allergien, Asthma und Hauterkrankungen sind eng an die Schadstoffbelastung gekoppelt. So leiden 9 % der Schulkinder in Großstädten an Asthma, 20 % an Dermatitis und 15 % an Heuschnupfen. Das sind die Reaktionen eines durch Schadstoffe überaktiven Immunsystems.[108]

Besonders Schwermetalle belasten den Organismus, da sie sich an bestimmte Eiweißkörper und Enzyme binden und diese dadurch funktionslos machen. Die Schwermetalle werden in verschiedenen Organen gespeichert und reichern sich dort an. Wir nehmen heute täglich 200 bis 300 µg Blei und 25 bis 30 µg Cadmium auf. Schon der geringe Anstieg von 10 µg/dl Blei im Blut von Kindern bewirkt eine Abnahme von bis zu 5 Punkten im IQ-Test.[109] Die Werte von Quecksilber im Gehirn von Alzheimer- und Parkinson-Patienten sind wesentlich erhöht.

Auch durch anscheinend harmlose Lebensmittelverpackungen wie Getränke- und Konservendosen reichern sich in unserem Körper Metalle an, die dort nicht hingehören. Aluminium wird zum Beispiel im Gehirn gespeichert und ist einer der an der Entstehung der Alzheimer-Krankheit mitbeteiligten Faktoren.

Schadstoffbelastung im Haus

Bei Umweltbelastung denken die meisten Menschen an Industrieanlagen und Autoabgase. Wir verbringen aber 80% unserer Zeit in geschlossenen Räumen. Vor allem im Haushalt oder im Büro sind hohe Schadstoffkonzentrationen zu finden. Nur einige Beispiele für Schadstoffbelastung im Büro:

- vom Computer – bromierte Dibenzofurane als Flammschutz.
- aus dem Drucker – Nitroarene, Nitropyrene, Trinitroflurorenon, Phosgen.
- aus dem Kopierer – Toner-Rußpartikel, Ozon.
- aus Lack- und Filzschreibern, Klebern – Lösungsmittel, aromatische Verbindungen, Styrole, Xylole, Toluole, Ethylavetat.
- von Monitoren – eine ständige Magnet- und hochionisierende Strahlenbelastung.
- aus Teppichböden – ausdampfende Insektizide (Pyrethroide) und Pilzmittel.
- Holz – Fungizide, Insektizide, Lösungsmittel.
- Möbel und Leder – Formaldehyde und Carboxy-Gruppen.
- Wärmedämmstoffe – Polychlorierte Biphenyle, Formaldehyd.
- Reinigungsmittel – Tenside, Phosphate, Formaldehyd, p-Dichlorbenzol etc.
- Textilien – Pestizide, Farbstoffe, Tetrachlorethen und Schwermetalle, die über die Haut aufgenommen werden.
- Zigarettenrauch ist stärkster Raumluftverschmutzer.

50.000 Gebrauchschemikalien und 3.000 Konservierungsstoffe kommen im Haus zum Einsatz.

In den USA nennt man die durch die Schadstoffbelastung in Räumen hervorgerufenen Krankheitserscheinungen inzwischen das „sick building syndrom“. Man geht davon aus, daß die Arbeitsleistung um 10 bis 20% dadurch fällt.

Menschen, die in Fabriken oder chemischen Reinigungen arbeiten, und die meisten handwerklichen Berufsgruppen sind einer noch höheren Belastung ausgesetzt und entwickeln häufig eine „multichemische Sensitivität“.

Labormessung

Wie kann man Schadstoffbelastung im Labor nachweisen?

Das „sick building syndrom“ und die „multichemische Sensitivität“ sind keineswegs psychosomatische Krankheiten, sondern lassen sich im Labor messen. Analysen der Raumluft, des Hausstaubs und von bestimmten Materialien können krankmachende Schadstoffe im Wohnbereich aufzeigen. Mit Haarmineralanalysen und speziellen Bluttests können Sie feststellen, wie schadstoffbelastet Sie bereits sind. Auch die Zunahme der oxidativen Schäden an Membranen und Erbsubstanz (s. S. 22) sind meßbar.[110] Laboradressen für Schadstoffprofile finden Sie im Anhang auf S. 116.

Bindung von Schadstoffen durch Mineralien und Spurenelemente

Wie entsorgen Mikronährstoffe Schadstoffe?

Die unerwünschten Schwermetalle werden besonders gut aufgenommen, wenn essentielle Mineralien und Spurenelemente fehlen. Entsprechend vermindert sich die Schwermetallaufnahme, wenn ausreichende Mengen an Calcium, Kupfer, Eisen, Zink und Selen vorhanden sind. Bei einer hinreichenden Zinkversorgung wird Cadmium aus dem Körper ausgeschieden. Calcium bindet Blei, so daß es eliminiert werden kann. Selen entsorgt Quecksilber, Aluminium, Cadmium und Blei.[111]

Schwermetalle und chemische Verbindungen produzieren eine Flut von Freien Radikalen im Körper, die Antioxidanzien aufbrauchen. Die vielen chemischen Verbindungen, die vom Körper entsorgt werden müssen, führen daher meßbar zu einem Abfall der antioxidativen Vitamine. Auch Zink und Selen, die zur Produktion der körpereigenen antioxidativen Enzyme benötigt werden, nehmen ab.

Die Lösung ist weder „Schadstoff-hysterisch“ zu werden und den Organismus so durch Streßhormone zusätzlich zu belasten, noch kann die Lösung sein, nach Kanada auszuwandern.

Werden Sie bei der Entsorgung von Schadstoffen und der Schadensbegrenzung aktiv: Mineralien und Spurenelemente binden sich an viele chemische Verbindungen und unterstützen die Entsorgung. Antioxidanzien senken die Belastung mit Freien Radikalen.

Fazit: 80 % der deutschen Bevölkerung sind Teil mehrerer Risikogruppen

Wenn Sie nicht rauchen, nicht trinken, keinen Sport treiben, nicht schwanger sind, weder die Pille nehmen noch Diät halten, wenn Sie weder über 65 (mit schlechter Absorption) noch unter 15 Jahre (im Wachstum) sind, wenn Sie keine chronischen Krankheiten haben, nie Medikamente nehmen, sich ökologisch vollwertig mit Rohkost direkt von Feld ernähren, wenn Sie nie in Betriebskantinen essen oder auf Geschäftsreisen sind, wenn Sie in schadstofffreier Umgebung leben, im Haushalt nur mit Essig putzen und nie am Computer arbeiten, wenn Sie in streßfreier meditativer Ruhe leben, dann treffen die niedrigen DGE-Zufuhrwerte auf Sie zu. Ich gratuliere. Sie müssen auf einer idyllischen Insel im Pazifik wohnen.

Dreiviertel der Bürger dieses Landes befinden sich mehrfach im Kleingedruckten der DGE-Empfehlungen für einen erhöhten Bedarf. Eine bis aufs Milligramm genau ausgerechnete Zufuhrempfehlung ist daher vollkommen absurd.

Eine optimale Mikronährstoffzufuhr zahlt sich für die Gesundheit mehrfach aus:

- Sie stellt sicher, daß alle Stoffwechselvorgänge durchgeführt werden können.
- Sie sorgt dafür, daß das Immunsystem schlagkräftig ist.
- Sie gewährleistet, daß die Gewebespeicher ständig maximal gefüllt sind.

Dadurch werden die hoch sensiblen Zellen und Organe vor Schadstoffen und Freien Radikalen geschützt, und enzymatische Reparaturvorgänge können ausgeführt werden.

Diese „Sicherheitszufuhr“ liegt um das 3- bis 10fache höher als die Minimalzufuhr der DGE.

Die Fakten, wie hoch Sie Mikronährstoffe dosieren können, um Ihren komplexen Lebensumständen und Belastungen gerecht zu werden, finden Sie im nächsten Kapitel.

Das Mikronährstoffprogramm

Sicherheit und Dosierungen

Wie hoch können Mikronährstoffe dosiert werden? Kann man Mikronährstoffe überdosieren?

Verbraucher interessieren die praktischen Aspekte am meisten, vor allem, ob Vitamine überdosiert werden können. In der Boulevardpresse wird dazu gerne reißerisch berichtet. Wie sehen aber die Fakten aus, die in vielen Ländern bereits zu Gesetzesgrundlagen geworden sind und die demnächst in der EU einheitlich geregelt werden?

Fett- und wasserlösliche Vitamine

Zwei große Gruppen von Vitaminen werden unterschieden: die fett- und die wasserlöslichen. Zu der ersten Gruppe gehören zum Beispiel die Vitamine A und D, zur zweiten die B-Vitamine und Vitamin C. Fettlösliche Vitamine können im Fett gespeichert werden, und dadurch ist bei den Vitaminen A und D eine Überdosierung möglich. Wasserlösliche Vitamine werden dagegen ausgeschieden und sind daher kaum überdosierbar.

- Selbst die DGE bestätigt: Bis zu 10.000 mg Vitamin C können problemlos genommen werden. Die unverhältnismäßig niedrige DGE-Empfehlung ist 75 mg.
- Bei Vitamin B_1 wird die 10.000fache Menge der DGE-Empfehlung ohne größere Nebenwirkungen vertragen.[112]
- Bei Beta-Carotin stellen sich bei der 10fachen Dosis keine Nebenwirkungen ein.[113] In der Realität kommen solche (Über)Dosierungen nicht vor, es sei denn, daß Sie – in einem Anfall von Heißhunger – eine ganze Packung Beta-Carotin auf einmal verschlingen.
- Bei Vitamin D ist eine Überdosierung rein theoretisch möglich, da fettlösliche Vitamine gespeichert werden. Tatsächlich ist aber der Vitamin-D-Mangel so groß, daß die amerikanische Regierung Milch mit Vitamin D anreichern läßt. 90 % der Deutschen leiden unter Vitamin-D-Mangel.

- Auch Vitamin A kann überdosiert werden, da es fettlöslich ist. Da Beta-Carotin vom Körper bei Bedarf in Vitamin A umgewandelt wird, haben die meisten Multivitaminpräparate nur einen geringen Anteil an Vitamin A und einen höheren an Beta-Carotin.

Mineralien und Spurenelemente

Kann man Mineralien und Spurenelemente überdosieren? Welche Spurenelemente sollten zusätzlich zugeführt werden?

Der sichere Bereich bei Mineralien und Spurenelementen ist wesentlich enger. Spurenelemente stehen im Körper in einem feinen Verhältnis zueinander. Um alle wichtigen Spurenelemente zu bekommen, ist es deshalb am sinnvollsten, auf eine Vollwerternährung umzustellen. In den Randschichten des Korns oder in Nüssen sind die Spurenelemente ideal kombiniert.

Ausnahmen sind die Spurenelemente Chrom, Zink, Selen und Jod, die in Deutschland zusätzlich zugeführt werden sollten, da die Böden in Nordeuropa arm an diesen Elementen sind. Außerdem sollten Calcium und Magnesium ergänzt werden.

Optimale Zufuhr

Wie hoch ist die optimale Zufuhr?

Für Menschen, die keinen besonderen Belastungen unterliegen oder chronische Erkrankungen haben, wird von den meisten Wissenschaftlern das 3- bis 5fache der DGE-Zufuhrempfehlung dringend angeraten. Dies gilt besonders für die Antioxidanzien. Die DGE-Werte sind in Spalte 3 der folgenden Tabelle (S. 100) aufgeführt.

Die optimale Zufuhr dürfte sogar um das 5- bis 8fache höher sein als das DGE-Minimum. Vor allem Vitamin C, Vitamin E und die wasserlöslichen B-Vitamine sollten sinnvollerweise höher dosiert werden.

Obere und untere Grenzen für eine sichere Dosierung

Wie hoch ist die tägliche sichere Dosis?

In welcher Dosierung könnte man denn nun langfristig Vitamine einnehmen?

Dr. Derek Shrimpton hat für die Vereinheitlichung der Richtlinien der EU in fünf Jahren über 300 Studien[114] ausgewertet, um die Sicherheit von Mikronährstoffpräparaten für den Konsumenten zu gewährleisten. Auf sehr konservative Weise wurde aus diesen Daten ein oberer sicherer Bereich formuliert. Dieser Bereich ist auf jeden Fall für den Konsumenten sicher, wenn täglich und zusätzlich zu einer ausgewogenen Ernährung Vitamine und Mineralien eingenommen werden (s. Spalte 2 der folgenden Tabelle).

Da die DGE-Werte weder einen erhöhten Bedarf noch vorbeugende Aspekte mit einbeziehen, entsprechen sie nicht der optimalen Zufuhr. Die DGE-Werte in der Tabelle – es sind die Empfehlungen für Männer zwischen 19 und 65 Jahren – habe ich daher nur zur Veranschaulichung angeführt. Sie stellen das Minimum dar, das auf keinen Fall unterschritten werden sollte.

Spalte 4 der Tabelle zeigt an, um wievielmal Sie den DGE-Wert auf Dauer mit Mikronährstoffpräparaten überschreiten können. Bei Vitamin E beträgt zum Beispiel die dauerhaft sichere obere Einnahmemenge das 66fache (!) der DGE-Empfehlung. Dauerhaft bedeutet hier, daß Sie über viele Jahre diese Vitamine nehmen können.

Kurzfristig können auf Weisung des Arztes im Rahmen einer medizinischen Therapie diese Werte noch um ein Vielfaches überschritten werden. So kann zum Beispiel bei Vitamin C bis zu 20 g (20.000 mg) in Infektionszeiten verabreicht werden. Für den Verbraucher ist in der Tabelle 2.000 mg als sicherer Dauerbereich angegeben.

Oberer sicherer Bereich für die tägliche, zusätzliche, dauerhafte Einnahme von Vitamin- und Mineralergänzungen		DGE* – unteres sicheres Minimum	Überschreitung möglich um das X-fache
Fettlösliche Vitamine			
A	2.300 µg	1.000 µg	2,3fache
D	10 µg	10 µg	1
Vitamine mit zusätzlich antioxidativer Funktion			
Beta-Carotin	20 mg	2 mg	10fache
E	800 mg	12 mg	66fache
C	2.000 mg	75 mg	27fache
Wasserlösliche Vitamine			
B_1 (Thiamin)	100 mg	1,3 mg	76fache
B_2 (Riboflavin)	200 mg	1,7 mg	117fache
B_3 (Niacin)	450 mg	18 mg	25fache
B_5 (Pantothensäure)	500 mg	6 mg	84fache
B_6 (Pyridoxin)	200 mg	1,6 mg	125fache
B_7 (Biotin)	500 mg	–	
B_9 (Folsäure)	400 µg	150 µg	3fache
B_{12} (Kobalmin)	500 µg	3 µg	166fache
Mineralien/Spurenelemente			
Calcium	1.500 mg	900 mg	1,6fache
Magnesium	350 mg	350 mg	1
Eisen	15 mg	10 mg	1,5fache
Jod	500 µg	200 µg	2,5fache
Zink	15 mg	15 mg	1
Phosphor	1.500 mg	1500 mg	1
Kupfer	5 mg	1,5–3 mg	–
Chrom	200 µg	50–200 µg	–
Mangan	15 mg	2–5 mg	–
Selen	200 µg	20–100 µg	2fache
Molybdän	200 µg	75–250 µg	–
*DGE-Empfehlung: beispielhaft für Männer zwischen 19 und 65 Jahren			

Unsinn von Milligramm-genauen Zufuhrempfehlungen

Warum ist eine Milligramm-genaue Mikronährstoff-empfehlung Unsinn? Was ist eine Sicherheitszufuhr?

Die meisten Leser wüßten jetzt – am Ende des Buches – gerne, in welcher Dosierung man die entsprechenden Vitamine, Mineralien und Spurenelemente zusätzlich einnehmen sollte! Dazu meine Antwort:

Machen Sie sich von diesen alten Zöpfen frei. Das Konzept eines Milligramm-genauen standardisierten Bedarfs für jeden entspricht nicht der Realität. Sie sollten eine „Sicherheitszufuhr" haben, um allen Situationen gerecht zu werden.

Wie hoch Ihr Mikronährstoffbedarf ist, liegt an Ihrem persönlichen Lebensstil. Auch bereits vorliegende chronische Erkrankungen, der individuelle Stoffwechsel und genetische Faktoren bestimmen die Menge an Mikronährstoffen, die Sie benötigen. Und nicht zuletzt hängt sie auch davon ab, was und wo Sie heute gegessen haben.

Vielleicht arbeiten Sie in einem Schadstoff-belasteten Büro und haben Amalgamplomben. Am Montag rauchen Sie vielleicht 40 Antioxidanzien-verbrauchende Zigaretten; am Dienstag kämpft und besiegt Ihr Immunsystem einen Virus mit einem enormen Vitamin-C-Verbrauch; am Mittwoch und Donnerstag essen Sie Mikronährstoff-arm im Intercity; am Freitag haben Sie durch Dauerstreß einen erhöhten Vitamin-B-Bedarf; am Samstag treiben Sie Aerobic und schwitzen dabei ordentlich Mineralien aus; Samstagabend trinken Sie viel Alkohol, der Vitamin B_1 aufbraucht; Samstagnacht haben Sie einen erhöhten Zinkverlust durch Sex mit Ihrer Frau und am Sonntag nehmen Sie Aspirin, das zu einer 10fachen erhöhten Ausschwemmung von Vitamin C führt.

Bei den Milligramm-genauen Zufuhrempfehlungen wird ein genetischer Durchschnittsbürger mit einem standardisierten Lebensstil konstruiert, um dann einige Zufuhrwerte zu fixieren. Das Konzept der Milligramm-genauen Zufuhrempfehlungen ist daher vollkommen absurd. Sinnvoller ist eine „Sicherheitszufuhr", die den Bedarf in allen Situationen abdeckt und optimale Leistung und Schutz gewährt.

Der sichere Zufuhrrahmen für individuelle Dosierungen

Wie Sie der vorhergehenden Tabelle entnehmen können, ist die Einnahme von Mikronährstoffen bis zu einem Vielfachen der DGE-Werte unbedenklich. Die zusätzliche Mikronährstoffeinnahme sollte so hoch dosiert sein, daß sie allen täglichen Schwankungen und Lebensumständen gerecht wird. Ihr Stoffwechsel und Ihr Immunsystem machen keine Pause. Sie brauchen kontinuierlich und täglich den Nachschub der essentiellen Biostoffe.

Bei dem Eindringen eines Virus kann ein Vitamin-C-Mangel eine unnötige Erkältung zur Folge haben. Durch ein Vitamin-B-Defizit haben Sie vielleicht Stimmungsschwankungen, inszenieren ein überflüssiges „Beziehungsdrama“ und leben mit einem hohen Risiko für Arterienverkalkung. Wenn Sie tatsächlich einmal nicht alle zugeführten Vitamine aufgebraucht haben, kann ein Teil vorübergehend gespeichert werden und ein kleiner Rest wird problemlos ausgeschieden. Die Werte der Tabelle bilden einen Rahmen, innerhalb dessen Sie sich ohne Sorgen bewegen können.

Mit den Ergebnissen aus klinischen Studien zu Antioxidanzien und Herz-Kreislauf-Erkrankungen, Krebs und Katarakt habe ich versucht, Ihnen Anhaltspunkte zu geben, welche Zufuhrmenge dort einen Langzeitschutz erbracht hat und den **Risikofaktor: Vitaminmangel** bekämpft. Die Bewegung oberhalb der DGE-Werte ist langfristig auf jeden Fall sicherer für Ihre Gesundheit. Das Problem der Mikronährstoffe liegt nicht in der Überdosierung, sondern in der mangelnden Zufuhr.

Die Qual der Wahl

Mikronährstoffe ja, aber welche?

Nachdem Sie nun die Fakten über Mikronährstoffe kennen, wollen Sie wahrscheinlich ganz praktisch wissen, wie man das geeignetste Produkt für die eigenen Bedürfnisse findet. Wenn Sie die Packungen einmal genauer anschauen, werden Sie feststellen, daß es in Deutschland kaum höherdosierte Multivitaminpräparate gibt. Außerdem werden Ihnen die unglaublich hohen Preise von Präparaten mit nur einem Mikronährstoff auffallen. Warum kostet Vitamin C 1.000 % und Vitamin E 800 % mehr als in den USA?

Was leistet eigentlich ein Vitaminröhrchen aus dem Supermarkt, oder ist es besser, in der Apotheke zu kaufen? Warum gibt es kaum hochdosierte Multivitaminpräparate?

Höherdosierte Vitamine sind in Deutschland Arzneimittel

Warum werden höher dosierte Vitamine in Deutschland nur in der Apotheke verkauft?

In Deutschland sind höherdosierte Vitamine Arzneimittel und dürfen nur in der Apotheke verkauft werden. Die Mühlen der EU mahlen zwar langsam, aber es wird sich ändern.

Vergessen Sie die Brausetabletten von Aldi. Die Vitamine in diesen Präparaten sind so „homöopathisch" niedrig dosiert, daß Sie damit vielleicht einen Mangel ausgleichen können, aber kaum optimale Mikronährstoff-Blutwerte für die Gesundheitsvorsorge erreichen werden.

In den USA, den Niederlanden oder Großbritannien würde ich Sie für ein vernünftig dosiertes Multivitaminpräparat einfach zum nächsten Health Food Shop um die Ecke schicken. In Deutschland dagegen ist in den letzten zehn Jahren kein einziges höherdosiertes Multivitaminpräparat auf den Markt gekommen. Bevor Sie Ihr Geld nun jahrelang für überteuerte und schlecht zusammengesetzte Präparate verschwenden, lesen Sie zuerst dieses Kapitel. Dann können Sie in Zukunft sehr schnell die Spreu vom Weizen trennen.

Warum bestimmen die DGE-Werte, was in der Apotheke verkauft werden muß?

Alle Vitaminprodukte, die mehr als die dreifache Menge der DGE-Minimal-Empfehlung enthalten, sind in Deutschland apothekenpflichtig. So wird Vitamin C ab einer Dosierung von 225 mg pro Tablette auf einmal zum apothekenpflichtigen Arzneimittel. Eine klinische Prüfung mit Patienten für die Arzneimittelzulassung würde für ein Mulitvitaminpräparat 5 bis 10 Millionen Mark kosten. Fehlt die klinische Prüfung, wird keine Zulassung erteilt. In den letzten zehn Jahren wurde daher keine einzige Zulassung für ein höherdosiertes Mulitvitaminpräparat erteilt. Die derzeit noch erhältlichen höherdosierten Einzelvitamine sind zum großen Teil Altzulassungen und teilen den Markt trefflich unter sich auf.

Apothekenpflicht und die Deklarierung als Arzneimittel sorgen daher:

- für Preise, die um bis zu 1.000 % höher liegen als in den USA,
- dafür, daß bestimmte höherdosierte Kombinationsprodukte ganz fehlen (mit einer Ausnahme, wie Sie gleich noch erfahren werden).

Der deutsche Verbraucher ist ohne Rechte

Warum sind höherdosierte Vitamine ausländische Arzneimittel?

Woher bekommen Sie nun als deutscher Verbraucher ein höherdosiertes Vitaminpräparat?

Im Ausland sind höherdosierte Vitamine Nahrungsergänzungsmittel, die von Millionen von Verbrauchern problemlos im Supermarkt gekauft werden. Niemand käme auf die absurde Idee, Vitamine als Arzneimittel einzustufen. Würden Sie als Deutscher nun ein solches Vitaminpräparat aus dem Ausland importieren, wird es in Deutschland zum „ausländischen Arzneimittel ohne deutsche Zulassung“. Und nun die absurden Folgen dieser Regulierungswut:

- Ausländische Arzneimittel dürfen in der Apotheke nicht im Regal stehen oder im Lager sein. Sie dürfen nur packungsweise – strenggenommen nur auf Rezept – bestellt werden.
- Eigenimporte, zum Beispiel von hochdosiertem preiswertem Vitamin C aus den USA, werden vom Zoll zerstört oder auf Ihre Ko-

sten zurückgeschickt, da der Endverbraucher keine Arzneimittel importieren darf.

- Wenn Sie aus den USA kommend mehr „ausländische Arzneimittel“ (Vitamine) als für den Eigenbedarf mit sich führen, können Sie wegen „Inverkehrbringung von ausländischen Arzneimitteln“ Probleme bekommen.
- Mit Vitaminen aus der EU sieht es etwas anders aus. Auch diese sind „ausländische Arzneimittel“ und dürfen nur in der Apotheke als solche „kontrolliert“ abgegeben werden. Aber als Verbraucher dürfen Sie in der EU alle frei verkäuflichen Waren kaufen und bestellen. Da in den Niederlanden oder Großbritannien Vitamine freiverkäuflich sind, dürfen Sie diese also für den Eigenbedarf erwerben. Bei größeren Mengen könnte man Sie allerdings wieder verdächtigen, daß Sie damit illegal handeln.

Es wird noch einige Jahre dauern, bis es innerhalb der EU eine einheitliche Regelung gibt. Dann werden die Preise, wie bei den Telefontarifen, purzeln. Der deutsche Verbraucher muß bis dahin tief in die Tasche greifen.

Bilanzierte Diät – Einzige Möglichkeit für höherdosierte Produkte

Bedeutet all dies nun, daß es kein deutsches höherdosiertes Multivitaminpräparat gibt? Fast!

Als „ergänzende bilanzierte Diät“ kann höher dosiert werden. Auf der Packung muß dann folgendes stehen:

- Eine Zielgruppe mit einem erhöhten Bedarf, zum Beispiel: „enthält zur Ernährung für Erwachsene Vitamine, Mineralien und Spurenelemente in einer erhöhten, dem Bedarf angepaßten Menge“.
- Ein besonderer Anwendungsbereich, zum Beispiel: „für die herzbewußte Ernährung“, „unterstützt Männer bei hoher Streßanfälligkeit und reduzierter Leistungsfähigkeit„ oder „stärkt die körpereigenen Abwehrkräfte“.
- „Nur unter medizinischer Kontrolle“.

Der Verwaltungsaufwand und die nötigen Expertengutachten für die Genehmigung dieser „bilanzierten Ernährung“ sind so enorm, daß es bislang nur eine einzige Firma (Orthomol) gewagt hat, höher dosierte Mikronährstoffkomplexe, die auf verschiedene Anwendungsbereiche wie werdende Mütter, Kinder, zur Vorbeugung vor Herz-Kreislauf-Erkrankungen und anderen mehr abgestimmt sind, auf den deutschen Markt zu bringen.

Mikronährstoffe arbeiten zusammen

Ist es besser, Multivitaminpräparate oder Einzelvitamine zu nehmen?

Vitamine, Mineralien und Spurenelemente arbeiten zusammen und sind voneinander abhängig. Die Wirkung kann immer nur so stark sein wie das schwächste Glied der Kette. Daher ist es am besten, sie in einer vollständigen Kombination aller Mikronährstoffe – als Mikronährstoff-Komplex – einzunehmen. Damit stellen Sie sicher, daß wirklich keine Lücken bestehen.

Nur bei den Antioxidanzien Vitamin C und Vitamin E und bei Selen, Calcium und Magnesium ist es sinnvoll, diese als Einzelvitamine noch zusätzlich zu ergänzen.

Packungsbeilage – Keine Informationen zur Wirkung von Vitaminen

Warum gibt es keinen Beipackzettel, der einmal klar sagt, daß Vitamin E Herz-Kreislauf-Erkrankungen vorbeugt? Bedeutet das, daß die großen Vitaminstudien nicht eindeutig sind?

Sie haben sich sicher schon gewundert, daß Sie noch nie auf Ihrer Vitamin-E-Packung einmal gelesen haben: „Vitamin E senkt das Herzinfarktrisiko um 50 %“. Das liegt daran, daß auf den niedrig dosierten Vitaminen im Supermarkt – sie zählen zu den Nahrungsergänzungsmitteln – keine medizinischen Aussagen gemacht werden dürfen. Das ist zum Beispiel auch der Grund dafür, warum auf Ihrem probiotischen LC1-Joghurt auch nicht steht: „stärkt die Immunabwehr im Darm“. Mit dieser medizinischen Aussage würde der LC1-Joghurt in Deutschland apothekenpflichtig.

Für medizinische Aussagen braucht man eine teure Arzneimittelzulassung. Da Vitamine sich aber nicht mehr patentieren lassen, ist diese Investition für keinen Vitaminhersteller interessant. Studien aus den USA mit 87.000 Krankenschwestern und 40.000 Ärzten interessieren in Deutschland überhaupt nicht. Das Rad muß jedesmal in Deutschland neu erfunden werden.

Sie werden also keine Beipackzettel oder Packungsaufdrucke finden, die Sie als Verbraucher in irgendeiner Weise darauf hinweisen, daß Vitamine eine medizinisch therapeutische Funktion haben.

Sicherheit von Mikronährstoffen

Wie sicher sind Mikronährstoffe?

Bei diesem engmaschigen Verbraucherschutz muß der Eindruck entstehen, daß Vitamine hoch gefährlich sind. Wie Sie aber bereits wissen, können die wasserlöslichen Vitamine oft hundertfach über den DGE-Werten dosiert werden.

Dem Verbraucherschutz stehen in Deutschland 15.000 vermeidbare Todesfälle wegen Folsäuremangel gegenüber oder 300.000 Herzinfarkte pro Jahr, die durch eine Vitamin-E-Zufuhr um circa 40 % gesenkt werden könnten. Die Studien mit den Vitaminen E, C und B_9 (Folsäure) bei Herz-Kreislauf-Erkrankungen, Krebs und Katarakt zeigen die absurde deutsche Haltung.

Medizinökonomen errechnen Milliardeneinsparungen im Gesundheitswesen, wenn Mikronährstoffe regelmäßig eingenommen würden. Dies wird aber erst passieren, wenn die Produkte für jeden erschwinglich werden. Momentan sterben zu viele Menschen an den Folgen einer nicht optimalen Versorgung mit Mikronährstoffen.

In den Niederlanden, Großbritannien oder den USA sind Mikronährstoffe vollkommen frei verkäuflich. Obwohl zur Zeit 125 Millionen Amerikaner Vitamine nehmen, wurde dem staatlichen Poison Control Center in acht Jahren nur ein einziger schwerwiegender Fall von Vitaminüberdosierung gemeldet. Auch in fünf Jahren liberaler Gesetzgebung in Großbritannien wurde kein Fall von Überdosierung bekannt. Anscheinend sind für den Verbraucher Überdosierungen weniger ein Problem als für die Verbraucherschützer am Schreibtisch im Bundesgesundheitsamtes.

Risiko Vitaminmangel: Das Problem der Mikronährstoffe ist nicht die Überdosierung von einigen Milligramm, sondern sind die gravierenden gesundheitlichen Folgen der Unterdosierung. Mit einer optimalen Versorgung mit Mikronährstoffen können Sie Ihre Gesundheit am besten erhalten.

Anhang

Labornachweis

Umweltmedizinisches Labor München G.I.I. mbH
Bayernstr. 53
80335 München
Tel. 089-54308-152/151

Das Labor führt folgende Untersuchungen durch:

- MDA-Test und Deoxyguanasin-Test auf Schäden Freier Radikale
- Schadstoffbelastung der Raumluft, Hausstaub, Materialien aller Art
- Haarmineralanalytik und Bluttest auf toxische Elemente
- Quecksilber-Kaugummi-Test bei Amalgamplomben

Arbeitsgemeinschaft Umweltapotheker (AAU)
Vereinigung von 150 Apotheken bundesweit. Die Umweltapotheker sind vom TÜV zertifizierte Schadstoffgutachter, die auch gerichtsfähige Analysen über den TÜV Rheinland/Berlin Brandenburg erstellen können.
Hotline: 09131-992041
Internet: www.umwelt-apotheker.de

Die Apotheken führen folgende Untersuchungen durch oder leiten diese weiter:

- Quecksilber-Kaugummi-Test bei Amalgamplomben
- Haarmineralanalytik auf Mineralien/Spurenelementmangel und toxische Elemente
- Wohngiftanalytik von Hausstaub oder Materialien
- Raumluftanalytik kann bis zu 30 Wohngifte aufspüren
- Elektrobiologische Untersuchungen der elektromagnetischen Felder im Wohnbereich
- Bodenuntersuchung des Gartens auf Schadstoffe

Verzeichnis der Maßeinheiten

dl = Deziliter = 0,1 l

g = Gramm

mg = Milligramm = 1×10^{-3} g = 0,001 g (ein tausendstel Gramm)

µg = mcg = Microgramm = 1×10^{-6} g = 0,000001g (ein millionstel Gramm)

mcg = µg = Microgramm = 1×10^{-6} g = 0,000001g (ein millionstel Gramm)

ml = Milliliter = 1×10^{-3} l = 0,001 Liter

mmol = Millimol (Maßzahl für eine Stoffmenge)

ng = Nanogramm = 1×10^{-9} g = 0,000000001 g (ein milliardstel Gramm)

Glossar

Angina pectoris: durch eine Verengung der Herzkranzgefäße bedingter anfallsartig auftretender Schmerz hinter dem Brustbein, der bis in den linken Arm ausstrahlen kann.

Antioxidanzien: Pflanzliche Stoffe oder körpereigene Enzyme, die sich an Freie Radikale binden und diese neutralisieren.

Biokatalysator: Hilfsstoff, der chemische Vorgänge im Körper beschleunigt (katalysiert), ohne daß er selbst an der Reaktion teilnimmt.

Bioverfügbarkeit: Kenngröße, mit der gemessen wird, wieviel Substanz aus einer Arzneimittelzubereitung (z.B. Tablette) aufgenommen und wirksam wird.

degenerativ: durch natürlichen Verschleiß und Alterung hervorgerufen.

Dermatitis: Hautentzündung.

Diabetes mellitus: Zuckerkrankheit. Der Diabetes mellitus wird entweder hervorgerufen durch einen Mangel an Insulin durch die Schädigung der Insulin-produzierenden Zellen oder durch eine mangelnde Wirkung des Insulins. Die erste Form tritt meist schon bei Kindern und Jugendlichen auf und wird als Typ-I-Diabetes, juveniler Diabetes oder insulinabhängiger Diabetes bezeichnet. Die zweite Form kommt häufig im Alter vor (Altersdiabetes, Typ-II-Diabetes, insulinunabhängiger Diabetes) und wird hauptsächlich durch die Lebensweise, vor allem eine fett- und zuckerreiche Ernährung und Übergewicht verursacht.

DNA: Abkürzung für Desoxyribonucleic acid (dt.: Desoxyribonukleinsäure, DNS). Die DNA ist die Erbsubstanz in jeder Zelle. Der größte Teil der DNA befindet sich im Zellkern, ein geringerer Anteil in anderen Zellbestandteilen.

Elektron: kleinstes negativ geladenes Teilchen eines Atoms.

Enzym: Biokatalysator. Hilfsstoff, der chemische Vorgänge im Körper beschleunigt (katalysiert), ohne daß er selbst an der Reaktion teilnimmt.

essentiell: lebensnotwendig.

Fibromyalgie: rheumatische Erkrankung, bei der Schmerzen an bestimmten Punkten auftreten.

Follikel: bläschenartiges Gebilde. Als Follikel werden beispielsweise die die Haarwurzel oder das gereifte Ei im Eierstock umgebenden Hüllen bezeichnet.

Gen: Erbanlage, der die Ausprägung eines Merkmals bestimmt (z.B. Haar-, Augenfarbe). Ein Gen ist ein Abschnitt der Erbsubstanz, auf dem ein bestimmtes Merkmal gespeichert ist. Die Gene sind in den Chromosomen hintereinander gereiht.

Homocystein: Baustoff von Eiweißen, der normalerweise im Blutplasma und im Urin nicht vorkommt.

Hormon: vom Körper, meist in Drüsen gebildeter Wirkstoff, der auf bestimmte Organe einwirkt und ihre Funktion bestimmt.

Katarakt: Trübung der Augenlinse, grauer Star.

koronare Herzerkrankung: Sammelbezeichnung für Erkrankungen, die durch eine Verengung der Herzkranzgefäße verursacht werden (z.B. Herzinfarkt, Angina pectoris).

Leukozyt: weiße Blutkörperchen. Blutzellen, die bei der Abwehr von Krankheitserregern und Fremdstoffen und bei Entzündungen eine große Rolle spielen.

Lymphozyt: spezielle Form von Abwehrzellen, die sich hauptsächlich in den Lymphknoten und der Milz gebildet werden.

Makula: „gelber Fleck". Stelle des schärfsten Sehens im Auge.

Neurotransmitter: chemische Substanzen, die für die Reizübertragung an den Nervenendigungen freigesetzt werden. Die bekanntesten Neurotransmitter sind das Adrenalin und das Acetylcholin.

Osteoporose: Knochenschwund.

oxidieren: Sauerstoff ist ein chemisch hoch aktiver Stoff, der Elektronen anderer Atome oder Moleküle an sich bindet und dadurch Energieströme verursacht. Das Atom oder Molekül mit dem verlorenen Elektron wird als oxidiert bezeichnet.

Plazenta: Mutterkuchen.

Säure-Basen-Haushalt: Aufrechterhaltung des Gleichgewichts von Säuren und Basen in den Gewebeflüssigkeiten. An der Regulierung des Säure-Basen-Haushaltes sind vor allem die Nieren (Urin) und die Lunge (Abatmen von Kohlendioxid) beteiligt.

Skorbut: durch Vitamin-C-Mangel hervorgerufene Krankheit, die sich in Zahnfleisch- und Hautblutungen, Müdigkeit und Veränderungen an den Knochen äußert.

Testosteron: männliches Geschlechtshormon.

Vitaminoide: vitaminähnliche Substanz.

Quellenangaben

[1] Murray, M: Encyclopedia of Nutritional Supplements. Prima Publishing 1996; 7–8.

[2] Stampfer, M et al.: Vitamin E consumption and the risk of coronary heart disease in women. New England J Med 1993; 328: 1444–1449.

[3] Grey, K et al.: Inverse correlation between plasma vitamin E and mortality from ischemic heart disease in cross cultural epidemiology. Am J Clin Nutr 1991; 53: 326S-334S.

[4] Grey, K et al.: Poor plasma status of carotene and vitamin C is associated with higher mortality of ischemic heart disease and stroke: Basel Prospective Study. Clin Invest 1993; 7: 3–6.

[5] Stampfer, M et al.: Vitamin E consumption and the risk of coronary heart disease in women. New England J Med, 1993; 328: 1444–1449.

[6] Rimm, E et al.: Vitamin E consumption and the risk of coronary heart disease in men. New England J Med 1993 328: 1450–1456.

[7] Stephens et al.: Randomized controlled trial of Vitamin E in patients with Coronary heart disease. Lancet 1996; 347: 781–786.

[8] Enstrom, E et al.: Epidemiology 1992; 3: 194.

[9] Ibid.

[10] Rimm, E et al.: New Eng J Med 1993; 328: 1450.

[11] Stampfer, M et al.: New Eng J Med 1993; 328: 1444.

[12] Meyer, F et al.: II Int Conf Antioxidants, Berlin 1994.

[13] Knekt, P et al.: Am J Epidemiology 1994;139: 1180.

[14] Salonen, J: North Karelia Projekt. Lancet 2: 175; 1982. In: Passwater R: Selenium Update. Keats Publishing. 20, 1987.

[15] Salonen, J: Effects of antioxidant supplementation on platelet function: A randomized pair matched, placebo controlled, double blind trial in men with low antioxidant status. Am J Clin Nutr 1991; 53: 1222–1229.

[16] Dietl, Gesche: Herzaktive Nährstoffe. Spitta Verlag 1999; 98.

[17] Joffres, M et al. : Relationship of magnesium intake and other dietary factors to blood pressure: The Honolulu Heart Study. Am J Clin Nutr 1987; 45: 469–475.

[18] Wittermann, J. et al.: Reduction of blood pressure with oral magnesium supplementation in women with hypertension. Hypertension 1989; 13: 227–232.

[19] Block, G: Vitamin C and cancer prevention: The epidemiological evidence. Am J Clin Nutr 1991; 53: 270S–282S.

[20] Kiremidjian-Schumacher et al.: Supplementation with selenium and human immune functions; Effect on cytotoxic lymphocytes and natural killer cells. Biol Trace Elem Res 1994; 41: 115–127.

[21] Harr, J, Whanger, P, Weswig, P: Clinical Toxicology 1972; 5 2:187–94.

[22] Pohl, H: Diabetes in Amerika. Diabetes Journal 1997; 8: 47–48.

[23] Paolisso, Di Maro et al.: Pharmacological Doses of Vitamin E and Insulin Action in Elderly Subjects. Am J Nutr 1994; 59: 1921–1296.

[24] Beales, et al.: Vitamin E Delays Diabetes Onset in Non Obese Diabetic Mouse. Norm Meth Res 1994; 26: 450–452.

[25] Kasper, H: Epidemiologische Studie zu Vitamin E und Diabetes. Ärzte Zeitung 1997; 17.

[26] Rabinowitz et al.: Clinical trial of chromium supplementation on carbohydrate and lipid metabolism in diabetic men. Biological Trace Element Research 1983; 5: 449–466.

[27] Mertz, W: Chromium in Human Nutrition: A Review. J Nutr 1993; 123: 629–633.

[28] Davie, Gold et al.: Effect of Vitamin C on Glycalation of Proteins. Diabetes 1992; 41: 167–173.

[29] Poalisso et al.: Metabolic benefits deriving from chronic Vitamin C supplementation in aged non-insulin dependent diabetics. J Am Coll Nutr 1995; 14: 387–392.

[30] Baker, Campbell: Vitamin and Mineral Supplementation in Patients with Diabetes Mellitus. Diabetes Educator 1992; 18 (5): 420–427.

[31] Kapeghian et al.: Effects of Glucose on C-14 labeled Ascorbic Acid Uptake by Endothelial Cells in the Presence of Insulin. Fed Proc 1983; 42: 795.

[32] Thomas, WR et al: Vitamin C and immunity: an assessment of evidence. Clinical Experimental Immunology 1978; 32: 370–379.

[33] Bland, J: Vitamin C – the Future is now. New Canaan: Keats Publishing 1995; 16–17.

[34] Chandra, R: Nutritional regulation of immunity and risk of infection in old age. Immunology. 1989; 67: 141–147.

[35] De Weck, A: Immune response and aging. Constitutive and environmental aspects. In: Munro H: Nutrition of the elderly. New York: Raven Press 1991.

[36] Niedermann, MS: Respiratory infections in the elderly. New York, Raven Press 1991.

[37] Chandra, R: Effect of vitamin and trace element supplementation on immune response and infection in elderly subjects. Lancet 1992; 340: 1124–1127.

[38] Chandra, R et al.: Nutrition and Immunity. Vitamins and Immunomodulation in AIDS. Nutrition 1996; 12: 1–7.

[39] Abalan, F et al.: Frequecy of deficiencies of vitamin B_{12} and folic acid in patients admitted to a geriatric psychiatry unit. Encephale1984; 10: 9–12.

[40] Kivela, S et al.: Depression in the aged: Relation to folate and vitamin C, B_6. Biol Psychiatry 1989; 26: 209–213.

[41] US Departement of Agriculture. National food consumption survey. 1986.

[42] Souccar, T, Curtay, JP: Le nouveau guide des vitamines. Edition Seuil. 1996; 11–12.

[43] Dupin et al.: Apports nutritionels conseillés pour la population francaise. Paris: Tec & Doc Lavoisier 1992; 2.

[44] Guilland: Évaluation de l'apport alimentaire vitaminique en Bourgogne. Ann Nutr. Metabol 1986; 30: 21–46.

[45] Hercberg: Consomation allimentaire d'un echantillon representatif de la population du Val de Marne. Rev Epidémiol Santé Publ 1991; 39: 245–261.

[46] Why Top Doctors Take Supplements. Prevention 1994; (2).

[47] Kallmann, B: Micronutrient intakes in laboratory animals and humans. J Applied Nutr 1989; 41: 23–25.

[48] Dietl, H, Ohlenschläger, G: Handbuch der Orthomolekularen Medizin. 1994; 26–28.

[49] Anderson, R et al.: Effects of chromium supplementation on urinary Cr excretion with selected clinical parameters. Biol Trace Elements Res 1984; 6: 327–336.

[50] Köhrle, J: Jod und Selen – Partner der Schilddrüse. Mineraloscop 1994, 3: 26–28.

[51] Ohlenschläger, G: Handbuch der Orthomolekularen Medizin. Heidelberg: Haug 1994; 111–112.

[52] Combs, GF: The Vitamins. San Diego: Academic Press 1992.

[53] Pietrzik, K: Modern Lifestyle, Lower Energy Intake and Micronutrient Status. Berlin: Springer 1991; 103–114.

[54] Guilland, JC et al.: Influence de modalités de cuisson sur la perte en thiamine, en riboflavine, et en niacine de la viande de boeuf. In Bernard A et al.: Aspects nutritionels des constituant des aliments. ENS.BANA, Dijon/TEC.DOC, Paris 1992; 217–226.

[55] Brockert, S: Vital 1985; 3: 63ff.

[56] Schünke, Kuhlmann, Lau: Orthomolekulare Medizin. Bio Medoc Verlag 1991; 24.

[57] Curtay, JP: La Nutritherapie. Bases Scientifique et Pratique Medicale. Paris: Editions Boirons 1995; 54–55.

[58] Chemische Qualitätssicherung der Krankenhauskost. Akut Ernähr Med 1993; 18: 296–304.

[59] Mareschi: Valeur calorique de l'alimentation et couverture des apports nutritionnels conseillés en vitamines de l'homme adulte. Ann Nutr Metab 1984; l 28: 11–23.

[60] Hulshof: Is food variety conductive to a more adequate diet? Assesment of variety, dutch clustering and adaquacy of eating patterns. CIP Data Koninklijke Bibliotheek, La Haye 1993.

[61] Dietl, H, Gesche, M: Herzaktive Nährstoffe. Spitta Verlag 1999; 200.

[62] GFK-Ernährungsforschung: Nationale Verzehrsstudie 1985–1989.

[63] Marks: The Safety of Vitamins. An Overview. Int J Vit Nutr Res 1989; 30 (supl): 12–20.

[64] Jacques, P et al: Epidemiologic Evidence of a Role of Antioxidant Vitamins and Carotinoids in Cataract Prevention. American Journal of Clinical Nutrition 1991; 53: 3520S-3525S.

[65] West, S et al.: Are Antioxidants or Supplements Protective for Age Related Macular Degeneration? Archives of Ophthalmology 1994; 112(2): 222–227.

[66] Eye Disease Case Control Study Group. Risk Factors for Neovascular Age-Related Macular Degeneration. Archives of Ophthalmology 1992; 110(12):1701–1708.

[67] Zaman, Z et al.: Plasma Concentrations of Vitamin A, E and Carotinoids in Alzheimer's Disease. Age and Aging 1992; 21(2): 91–94.

[68] Basu, Schorah: Vitamin C in Health and Diseases. Westport: Avery Publishing 1982; 84–85.

[69] Chylack, J: Epidemiologic Evidence of a Role for the Antioxidant Vitamins and Carotinoids in Cataract Prevention. Am J Clin Nutr 1991; 53 (Suppl): 352S-355S.

[70] Swanson, A: Elemental analysis of normal and cataractous human lens tissue. Biochem Biophys Res Comm 1971; 45: 1488–1496.

[71] Steiner, M: Das Potential der antioxidativen Vitamine. In: Fortschr. Med 1994; 112(33): 8.

[72] Brigelius-Flohe, Leist, Gassmann, Schultz et al.: Novel Urinary Metabolite of Alpha-Tocopherol, 2,5,7,8,-Tetramethyl-2 (2'-Carboxyethyl)-6-Hydroxychroman, as an Indicator of Adequate Vitamin E Supply. Am J Clin Nutr 1995; 62 (Suppl): 1527S-1534S.

[73] Sahmberger, R: Trace Substances in Environmental Health. University of Mississippi Press 1975; 15–22.

[74] Salonen, J: Effects of antioxidant supplementation on platelet function: A randomized pair matched, placebo controlled, double blind trial in men with low antioxidant status. Am J Clin Nutr 1991; 53: 1222–1229.

[75] Grundy, S et al.: Influence of nicotinic acid on metabolism of cholesterol and triglycerides in man. J Lipid Res 1981; 22: 24–36.

[76] Canner, P et al.: Fifteen year mortality in coronary heart project patients: Long term benefit with niacin. J Am Coll Cardiol 1986, 8: 1245–1255.

[77] Illingworth et al.: Comparative effects of Lovastatin and Niacin in primary hypercholesterolemia. Arch Int Med 1994; 154; 1586.

[78] Ravnskow, U: Cholesterol lowering trials in coronary heart diseases. Brit Med J 1992; 15: 305.

[79] Salonen, J et al.: Cancer relation to serum of selenium and vitamin E and A. Brit Med J 1985; 290(9): 417–20.

[80] Stähelein, H: Plasma antioxidant vitamins and subsequent cancer mortality in the 12 year follow-up of the prospective Basel study. Am J Epidemiol 1991; 133: 766–775.

[81] U.S. RDA: RDA vs. RDI: Protecting the health of Americans vs. minimizing nutrient needs, RDA 1992; 17.

[82] Enstrom, Kanim, Klein: Vitamin C intake and mortality among a sample of the United States population. Epidemiology 1992; 3(3): 194–202.

[83] Pyor: The Free Radical Chemistry of Cigarette Smoke and the Inactivation of Alpha-1-Proteinase Inhibitor. In: Taylor (ed.): Pulmonary Emphysema and Proteolysis. New York: Acadamic Press 1986; 369–392.

[84] Tribble, Giuliano, Fortmann: Reduced Plasma Ascorbic Acid Concentrations in Nonsmokers Regularly Exposed to Environmental Tobacco. Am J Clin Nutr 1993; 58(6): 886–890.

[85] Centerwall, Criqui: Prevention of Wernicke-Korsakoff Syndrome. New Eng J Med 1978; 299: 285–289.

[86] Lindenbaum: Folate and Vitamin B_{12} Deficiencies in Alcoholism. Semin Hematol 1980; 17: 119.

[87] Leo, Lieber: Hepatic Vitamin A Depletion in Alcoholic Liver Injury. New Engl J Med 1982; 307: 597–601.

[88] Thorp: Effects of Oral Contraceptive Agents on Vitamin and Mineral Requirements. J Am Diet Assoc 1980; 76: 581–589.

[89] Palan et al.: Effects of Smoking and Oral Contraceptives on Plasma Carotin Levels in Healthy Women. Am J Obst Gynecol 1989; 161: 881–885.

[90] Andon, M et al.: Spinal bone density and calcium intake in healthy postmenopausal women. Am J Clin Nutr 1991; 54: 927–929.

[91] Supplementation with Vitamin D3 and calcium prevents hip fractures in elderly women. Nutr Rev 1993; 51: 183–185.

[92] Biesalski, H et al.: Beta-Carotine supplementation and sun induced biochemical alterations of the human skin. International Symposium on Antioxidants and disease prevention. Stockholm: ILSI 1993; 88.

[93] Yao, Y et al.: Decline of serum cobalmin levels with increasing age among geriatric patients. Arch Med 1994; 3: 918–922.

[94] Abalan, F et al.: Frequency of deficiencies of vitamin B_{12} and folic acid in patients admitted to a geriatric psychiatry unit. Encephale 1984; 10: 9–12.

[95] Kivela, S et al.: Depression in the aged: Relation to folate and vitamin C, B_6. Biol Psychiatry 1989; 26: 209–213.

[96] Stähelein, H: Senile dementia in relation to nutritional factors: Bibl Nutr et Dieta 1986; 38: 136–144.

[97] Döll, M: Körperliche Belastung und sportliche Aktivität – erhöhter oxidativer Stress durch Freie Radikale. Journal für Orthomolekulare Medizin 1996; 4: 316–319.

[98] Neue Nachweismethoden für DNA-Schäden – Zellkerndefekte durch Leistungssport. In: Zeitung für Umweltmedizin. 1994; 4: 8–11.

[99] Ohlenschläger, G: Handbuch der Orthomolekularen Medizin. Haug 1994; 42–43.

[100] Henrotte, J: Genetic regulation of blood and tissue magnesium content. Magnesium 1988; 7: 306–314.

[101] Köstler, W: Immunologische und spektralanalytische Veränderungen durch Quecksilbermobilisierung aus Amalgamfüllungen. Erfahrungsheilkunde 1990; 10: 572–577.

[102] Gerhard, I et al.: Schadstoffe und Fertilitätsstörungen. Schwermetalle und Mineralstoffe. Zentralblatt für Gynäkologie 1992; 114, 593–602.

[103] Tikkiwal, M et al: Effect of zinc administration on seminal zinc and fertility of oligospermic males. Ind J Physiol Pharmacol 1987; 31, 30–34.

[104] Netter, A et al.: Effects of zinc administration on plasma testosterone and sperm count. Arch Androl 1981; 7: 69–73.

[105] Daunderer, M: Handbuch der Amalgamvergiftung. Landsberg: Ecomed, 1992.

[106] Wenstrup, D et al.: Trace element imbalances in isolated subcellular fractions of Alzheimer's disease brains. Brain Research 1990; 533: 125–131.

[107] Gebhardt, A et al.: Bestimmung von Kupfer, Zink, Selen und Quecksilber im Blut von MS Patienten. Laboratoriumsmedizin 1994; 3.

[108] Mineraloscop 1994; 3: 1–2,

[109] Bellinger, D: Internationaler Kongreß der Umweltmedizin Duisburg. 23–26.2.1994.

[110] Kuklinsky, B: Oxidativer Streß in einer Computerzentrale. Zeitung für Umweltmedizin 1997; 1: 42–44.

[111] Andersen, O et al.: Effects of selenium supplementation on whole body, blood and organ levels of toxic metals in mice. Environ Health Perspect 1994; 102(suppl.3): 321–324.

[112] Marks, J: The safety of vitamins an overview. Int J Vit Nutr Res 1989; (suppl 30): 12–20.

[113] Hathcock, JN et al.: Evaluation of vitamin A toxicity. Am J Clin Nutr 1990; 52, 183–202.

[114] Shrimpton, D: A review of the safty of vitamins and minerals provided in nutritional supplements for free sale by self selection by consumers. Cambridge, UK 1995.

Verzeichnis der Abbildungen

Abb. 1, 6 mit freundlicher Genehmigung der Orthomol Gmbh, Langenfeld.

Abb. 2, 3 Jopp, A.: Mikronährstoffe contra Immunschwäche. Roche, Grenzach 1998.

Abb. 4 Harr, J., Whanger, P., Weswig P.: Clinical Toxicology 5(2): 187–94.

Abb. 5 Bildarchiv Okapia Frankfurt.

Stichwortverzeichnis

V

W

Z

Vitamin	Funktionen	Symptome, die auf einen Mangel hinweisen	Therapeutischer Einsatz**	Zufuhrrahmen*
Vitamin A	starkes Antioxidans; Teil des Sehpurpurs im Auge; Aufbau der Schleimhäute in Mund, Lunge, Magen-Darmtrakt und Auge; Proteinstoffwechsel; essentieller Bestandteil des Immunsystems	Sehschwierigkeiten in der Dämmerung; Nachtblindheit; trockene Augen; Lichtscheu; trockene schuppige Haut; Follikelbildung an den Oberarmen; Akne; brüchige Fingernägel; glanzlose Haare; Wachstumsstörungen bei Kindern; häufige Infektionen; verminderte Immunkompetenz; verringerte Krebsresistenz	Katarakt; trockene Augen; Krebs	1.000 bis 2.300 µg
Provitamin A (Beta-Carotin)	wird bei Bedarf in Vitamin A umgewandelt; starkes Antioxidans; unterstützt die Zellkommunikation (gap junction); Immunsystem	verringerte Krebsresistenz; Herz-Kreislauf-Erkrankungen	Vorbeugung und Begleittherapie bei Krebs und Herz-Kreislauf-Erkrankungen; Katarakt; Immunschwäche	2 bis 20 mg
Vitamin B_1 (Thiamin)	Nerven- und Muskelstoffwechsel; Kohlenhydratstoffwechsel; beteiligt am Aufbau von Neurotransmittern	Reizbarkeit; Konzentrations- und Gedächtnisschwäche; Appetitlosigkeit; Schlaflosigkeit; Depressionen; Nervenentzündungen; Herzrhythmusstörungen	Diabetes; neurologische Erkrankungen; multiple Sklerose; verminderte geistige Leistungsfähigkeit; Alzheimer-Krankheit	1,3 bis 100 mg
Vitamin B_2 (Riboflavin)	Teil von circa 60 verschiedenen Enzymen des Fett-, Kohlenhydrat- und Eiweißstoffwechsels; Übertragung von Lichtreizen im Auge	allgemeine Müdigkeit und Unlust; gereizte Schleimhäute; Nervenstörungen; eingerissene Mundwinkel; aufgesprungene Lippen; Dermatitis; übermäßige Hornabstoßung der Haut; glanzlose brüchige Fingernägel; Hornhauttrübungen am Auge; Lichtempfindlichkeit	Migräne; Katarakt; Hauterkrankungen	1,7 bis 200 mg

Vitamin	Funktionen	Symptome, die auf einen Mangel hinweisen	Therapeutischer Einsatz**	Zufuhrrahmen*
Vitamin B_3 (Niacin)	Energieproduktion; Hormonstoffwechsel; Hirnstoffwechsel; Pigmentbildung in der Haut; Reparatur geschädigter Erbanlagen	Depressionen; Altersdemenz; Dermatosen an den Schleimhäuten; hohes Cholesterin; Appetitverlust; Schwindelgefühl; hochrote Zunge	Senkung der Blutfettwerte; Diabetes; Arthritis	18 bis 450 mg
Vitamin B_5 (Pantothensäure)	Energieproduktion; Synthese von Kortison und anderen Steroidhormonen; Wundheilung; Neurotransmitterproduktion; Produktion von Haar-, Haut- und Blutpigmenten	glanzlose Haare; frühes Ergrauen der Haare; Abgeschlagenheit; Kopfschmerzen; Herzklopfen; schlechte Wundheilung; brennende Füße	Rheuma; hohe Blutfette	6 bis 500 mg
Vitamin B_6 (Pyridoxin)	Eiweißstoffwechsel; Wachstumsprozesse; Beteiligung am Aufbau von Abwehrzellen; Neurotransmitter	Konzentrationsschwäche; Depressionen; neurologische Störungen; Schlafstörungen; Unruhezustände; Schwangerschaftserbrechen; prämenstruelles Syndrom; Nervenentzündungen; häufige Infekte; Blutarmut; Glukose-Intoleranz; Ekzem; Dermatitis	Herz-Kreislauf-Erkrankungen; Diabetes; Depression; Epilepsie; Immunstimulation; Asthma; Osteoporose; Nierensteine; prämenstruelles Syndrom	1,6 bis 200 mg
Vitamin B_9 (Folsäure)	Zellteilung; Blutbildung; Herstellung der DNS; Immunsystem; Neurotransmitterproduktion	Anämie; Schleimhautveränderungen in Mund und Magen-Darmtrakt, Zungenbrennen; Durchfälle; Haarwuchsstörungen; Depressionen; neurologische Störungen; Reizbarkeit; Vergeßlichkeit; Schlafstörungen; Gicht; verminderte Immunität	Akne; Anämie; Herz-Kreislauf-Erkrankungen; Krebs; Katarakt; Müdigkeitssyndrom; Depression; Senilität; Unfruchtbarkeit; Parkinson-Krankheit; Immunschwäche	150 bis 400 µg

Überblick Mikronährstoffe: Vitamine

Vitamin	Funktionen	Symptome, die auf einen Mangel hinweisen	Therapeutischer Einsatz**	Zufuhrrahmen*
Vitamin B_{12} (Cobalamin)	Zellteilung; Nervenstoffwechsel; Blutbildung	Gedächtnis- und Konzentrationsschwäche; Alterssenilität; depressive Verstimmungen und andere psychische Erkrankungen; weiße Lippen; gelbe Schleimhäute; Zungenbrennen; Gliederkribbeln; Blutarmut	Depression; neurologische Symptome; Diabetes-bedingte Neuropathien; Altersdemenz; Alzheimer-Krankheit; multiple Sklerose; Unfruchtbarkeit; Anämie; Immunschwäche	3 bis 500 µg
Biotin	Fett-, Kohlenhydrat- und Eiweißstoffwechsel; Neurotransmitterproduktion; Zellteilung; Hauterneuerung	Erschöpfung; Appetitlosigkeit; Übelkeit; seborrhoische Dermatitis; schuppige Haut; glanzloses brüchiges Haar	Seborrhoische Dermatitis; Diabetes	bis 500 µg
Vitamin C (Ascorbinsäure)	Antioxidans; beteiligt an 15.000 Stoffwechselreaktionen; essentiell für das Immunsystem; unterstützt und aktiviert Lymphozyten, Freß- und Killerzellen; Bildung von Bindegewebe und Kollagen; Fettverbrennung; beteiligt am Aufbau aller wichtigen Hormone und Neurotransmitter	verzögerte Wundheilung; Neigung zu blauen Flecken; Zahnfleischbluten; Infektanfälligkeit; häufige Müdigkeit; Depressionen; Herz-Kreislauf-Erkrankungen; verringerte Krebsresistenz; Katarakt	Vorbeugung und Begleittherapie bei Krebs und Herz-Kreislauf-Erkrankungen; hoher Blutdruck; Katarakt; Glaukom; Makuladegeneration; Diabetes; multiple Sklerose; Parkinson-Krankheit; Arthritis; Rheuma; Ekzem; Unfruchtbarkeit; geschwächte Infektabwehr; Virusinfektionen; Autoimmun-Erkrankungen; Wundheilung; Asthma; Allergien	75 bis 2.000 mg
Vitamin D (Cholecalciferol)	Einlagerung von Calcium und Phosphor in die Knochen; wichtig im Nervenstoffwechsel; Energiestoffwechsel	Muskelschwäche; Krämpfe; Infektanfälligkeit; Osteoporose; altersbedingte Knochenverformung der Beine und des Rückens; Knochenschmerzen; Rachitis bei Kindern, die zu O-	Osteoporose; Schuppenflechte	10 µg

Vitamin	Funktionen	Symptome, die auf einen Mangel hinweisen	Therapeutischer Einsatz**	Zufuhrrahmen*
Vitamin D (Fortsetzung)		und X-Beinen und Zahnfehlstellungen führt		
Vitamin E (Tocopherol)	Antioxidans; schützt mehrfach gesättigte Fettsäuren in Zellmembranen, Nervenbahnen, Arterien, Blut; Thymus und Auge	Herz-Kreislauf-Erkrankungen; verringerte Krebsresistenz; Katarakt	Vorbeugung und Begleittherapie bei Krebs und Herz-Kreislauf-Erkrankungen (Angina pectoris; Myokardinfarkt); Katarakt; Makuladegeneration; Diabetes; Herpes; geschwächtes Immunsystem; Muskelschwäche; Parkinson-Krankheit; prämenstruelles Syndrom; seborrhoische Dermatitis; Allergien; Rheuma; Kolitis	12 bis 800 mg

* Der Zufuhrrahmen gibt den unteren sicheren Bereich zur Verhinderung von Mangelsymptomen an (DGE-Empfehlungen) und den oberen sicheren Bereich einer täglichen dauerhaften zusätzlichen Einnahme von Vitaminen (Shrimpton Safety Report, s. S. 99).

** Ein hervorragendes Nachschlagewerk für den Endverbraucher zum therapeutischen Einsatz von Vitaminen ist: Murray, M.: Encyclopedia of Nutritional Supplements. Prima Publishing, 1996.

Mineral/ Spuren-element	Stoffwechsel-funktion	Mangel-erscheinungen	Therapeutischer Einsatz	Zufuhr-rahmen*
Calcium	Vitamin-D-Haushalt; Mineralisierung der Knochen und Zähne; verschiedene Enzymaktivitäten; Regulation des Herzschlags; Muskelkontraktionen; Nervenimpulsübertragung	brüchige Knochen; abnehmende Knochendichte (Osteoporose); altersbedingte Verformung der Beine und des Rückens; Zahnfehlstellungen bei Kindern; Schlaflosigkeit; Nervosität; Muskelkrämpfe; hoher Blutdruck; Menstruationsbeschwerden	Osteoporose; Rachitis bei Kindern; hoher Blutdruck	900 bis 1.500 mg
Magnesium	aktiv in über 300 Enzymen; Energieproduktion; Muskelkontraktion	hoher Blutdruck; Muskelkrämpfe; Muskelzittern; Schlaflosigkeit; Überreiztheit; Unruhe; Streßanfälligkeit; Probleme mit der Nervenreizübertragung; prämenstruelles Syndrom; Menstruationsschmerzen	hoher Blutdruck; Herz-Kreislauf-Erkrankungen (Angina pectoris; Myokardinfarkt; Kardiomyopathie); niedrige HDL-Werte; Schlaganfall; Asthma; Diabetes; Müdigkeitssyndrom; Fibromyalgie; Glaukom; Hypoglykämie; Nierensteine; Osteoporose; prämenstruelles Syndrom	350 mg
Chrom	Kofaktor für die Insulinfunktion; Glukosetoleranzfaktor	hohe Blutzuckerwerte; Müdigkeit durch Unterzuckerung (Hypoglykämie); schlechte Glukosetoleranz; hohe Cholesterin- und Triglyzeridwerte	Vorbeugung gegen Typ-II-Diabetes; Verbesserung der Glukosetoleranz bei Diabetikern; Senkung von hohen Blutfettwerten; Muskelaufbau; Gewichtsreduktion; Akne	50 bis 200 µg
Zink	Teil körpereigener antioxidativer Enzyme (Katalase); aktiv in über 200 Enzymen; notwendig für viele Hormone; Entsorgung von Schwermetallen	Haarausfall; frühzeitig ergraute Haare; Schuppen; Infektanfälligkeit; schlechte Immunkompetenz; niedriges Testosteron; niedrige Spermienzahl; Infertilität bei Männern und Frauen; Durchfall; Schlafstörungen; verzögerte Wundheilung; Glukoseintoleranz;	Unfruchtbarkeit; Rheuma; Akne; Makuladegeneration; Alzheimer-Krankheit; Wilson-Krankheit; Steigerung der Immunkompetenz	15 mg